「国学今用」系列

晏子与我聊职场

姜正成 编著

郑州大学出版社

图书在版编目（CIP）数据

晏子与我聊职场/姜正成 编著. —郑州: 郑州大学出版社，
2016.8（2021.7重印）

（国学今用）

ISBN 978-7-5645-3086-0

Ⅰ.①晏… Ⅱ.①姜… Ⅲ.①晏婴（？ - 前500）- 哲学思想 - 通俗读物 Ⅳ.① B222.95-49

中国版本图书馆 CIP 数据核字（2016）第 125559 号

郑州大学出版社出版发行

郑州市大学路 40 号　　　　　　　邮政编码：450052

出版人：张功员　　　　　　　　　发行部电话：0371-66658405

全国新华书店经销

北京洲际印刷有限责任公司印制

开本：710 mm×1 000 mm　1/16

印张：15

字数：218 千字

版次：2016 年 8 月第 1 版　　　　印次：2021 年 7 月第 2 次印刷

书号：ISBN 978-7-5645-3086-0　定价：49.80 元

本书如有印装质量问题，请向本社调换

前　言

晏婴，字仲，谥平，习惯上多称平仲、晏子，夷维（今山东高密）人。是春秋后期一位重要的政治家、思想家、外交家，以有政治远见和外交才能、作风朴实闻名诸侯。他爱国忧民，敢于直谏，在诸侯和百姓中享有极高的声誉。他博闻强识，善于辞令，主张以礼治国，曾力谏齐景公轻赋省刑，汉代刘向《晏子春秋》叙录，曾把晏子和春秋初年的著名政治家管仲相提并论。

在那个诸侯并起、风云变幻的年代，晏婴凭着自己机敏的头脑、善辩的能力和勇义笃礼，内辅国政，屡谏齐王，竭心尽力拯救内忧外患的齐国。在对外斗争中，既富有灵活性，又坚持原则性，出使不受辱，捍卫了齐国的国格和国威。诸葛亮曾在他的《梁甫吟》中赞道："力能排南山，文能绝地理。一朝被谗言，二桃杀三士。谁能为此谋，国相齐晏子。"司马迁更是对晏婴敬佩仰慕有加，他在《史记·管晏列传》中感慨地说道："假令晏子而在，余虽为之执鞭，所祈慕焉。"

《晏子春秋》是中国最古老的传说故事集，大约成书于战国末期，是后人假托晏婴的名义所做。这部书详细地记述了齐国灵公、庄公、景公三朝贤相晏婴的生平逸事及各种传说、趣闻，215个小故事相互关联和补充，构成了栩栩如生的、完整的晏子形象。这部书的语言简洁明快，幽默风趣，人物对话富于性格特征，特别是洋溢于人物语言中的幽默感，不但使故事意趣盎然，而且增加了语言的辛辣和讥讽。作者还善于运用比喻的手法，一些寓以生活哲理的比喻，后来成为独立的语汇或成语。

　　而本书所要讲述的是《晏子春秋》和今天的职场之间的关系，本书采用主持问答的形式，让晏婴穿越时空的隧道和我们直接面对面的对话，讲述自己在《晏子春秋》中的见解与今天的联系。

　　《晏子春秋》包含宏大，本书只是节选了很少一部分入文，不能够完全解读《晏子春秋》，只是希望在读者们阅读《晏子春秋》的时候，可以起到辅佐的作用。

目 录

第一章　晏子与我聊职场礼仪制度

"以礼治国，以礼救国"，礼对于一个国家的作用是举足轻重的。礼制维护的是君主专制下的等级名分制度，是关系到国家政权和社会秩序的根本制度。对于今天的企业来说，礼仪更是不可或缺的。

第二章　晏子与我聊职场管理之道

"重民爱民，薄赋省刑"，晏子总结了历史上王朝兴衰的经验教训，比较清醒地认识到政权的巩固离不开人民群众的支持，失去了民众的支持，国家政权将一事无成，乃至倾覆灭亡。而对于企业来说，如果失去了员工，那么这个企业也是走向了毁灭。

第二章 晏子与我聊职场用人之道

"举贤任能，远离谗佞"，晏子多次谈到亲近和任用谗佞之人会对国家造成极大的危害性。作为统治者，要远离谗佞诡谀之人，任用贤者。而作为领导者，更应该要做到这一点。

第四章 晏子与我聊职场晋升之道

"忠心事君，忠诚报国"，忠于国君、热爱国家，是晏子作为执政大臣所持有的基本态度。但与别的政治家不同的是，他并不是无条件地、盲目地忠于某一个君主，而主要是忠于君主所代表的政权、所代表的制度、所拥有的国家，这一点对于今天的企业员工来说，这是必须要学习的。

第五章　晏子与我聊员工信仰问题

"廉洁节俭，戒奢拒腐"，晏子认为统治集团奢侈腐化的生活，是导致加重人民的赋税与徭役负担的重要原因。要想减轻人民的负担，首先必须控制统治集团对财富的肆意挥霍。而对于今天的企业员工来说，只有领导者自己以身作则，克己奉公，才能让员工们效仿下去。

第六章　晏子与我聊职场竞争之道

"卫国保民，和平外交"，晏子的治国思想中，也包含了有关军事思想的内容，其核心是卫国保民。他不主张战争，但也绝不反对正义的讨伐。而对于今天的企业员工来说，在和平的基础上竞争，才能让自己得到更好的发展。

第一章

晏子与我聊职场礼仪制度

"以礼治国，以礼救国"，礼对于一个国家的作用是举足轻重的。礼制维护的是君主专制下的等级名分制度，是关系到国家政权和社会秩序的根本制度。对于今天的企业来说，礼仪更是不可或缺的。

面试礼仪，谨记修养

【聊天实录】

我：晏老先生，您对礼仪修养有何高见？

晏子：我曾在《晏子春秋》中提到：礼者，民之纪，纪乱则民失。乱纪失民，危道也。

我：您这句话该如何解释呢？

晏子：这句话的意思就是：礼仪，这就是人民的纲纪法律。纲纪法律乱了，人民就会离心离德。搞乱纲纪、失去人民，这是很危险的道路。

我：您的意思是说：面试的礼节十分重要，从中可以反映出一个人的内在修养，懂得和注重面试礼节会增加用人单位对你的好感，从而增加面试成功的可能性。

晏子：是的，你说得很对。约束民众要靠两样东西，法与礼。

【解读】　　　❧ **面试之前，掌握礼仪** ❧

　　面试犹如一道厚实的门，门后就是我们的事业追求。很多时候，我们只有推开它，才能看见它后面深藏的风景。对此，了解和掌握求职面试礼仪知识，就是我们成功进入职场追求和窥见这一美好风景线的关键所在。一般来说，求职面试礼仪有如下"六要"。

1.遵从安排

　　进入面试房间之后，我们的一举一动要按照招聘人员的指示来做，既不要过分拘谨，也不能太过谦让，大方得体才最重要。

2.眼神交流

交流中我们的目光要不时注视着对方，万万不可目光呆滞地死盯着别人看，这样会让他以为我们对他"满怀深情"，或是和他有什么"深仇大恨"，让他感到很不舒服。如果有不止一个人在场，我们说话的时候要经常用目光扫视一下其他人，以示尊重和平等。

3.做主动积极的聆听者

聆听之中具有很大的尊重成分，可以说，最优秀的销售人员往往不是滔滔不绝地大侃，而是积极地聆听。招聘人员不希望应聘者像木头桩子一样故作深沉、面无表情，对此，应聘者在听对方说话时，应不时做出点头认同状，表示自己听明白了，或正在注意听。因为积极的聆听者，往往能给人一种谦和而良好的感觉，这也正是礼仪的需要和反映。在面试中如果招聘经理多说话，说明他对我们感兴趣，愿意向我们介绍情况，热情交流。但许多学生误认为只有自己说话才是最好的销售，往往会抢着说话，或打断对方的讲话，这些都是很不懂礼貌的表现，会使自己陷于被动，言多必失。

4.举手投足得体

面谈中应避免不洁不雅的行为。

不吸烟、不喝酒、不嚼口香糖。在公共场所抽烟是不讲卫生、不尊重他人的表现。喝酒会使脑子迟钝，会给人留下因酒误事的印象。一边与人谈话，一边嚼口香糖，会给人留下不负责任、漫不经心的印象。参加面试前，要刷牙，不吃葱蒜等辛辣食品，必要时可含茶叶、口香液以除口臭和异味。

避免不雅行为，不在他人面前擤鼻涕、抠鼻孔、挖耳朵、搓泥垢、剔牙齿、修指甲、打哈欠、搔痒挠头摸脑或抖动腿脚等。咳嗽、打喷嚏时，应用手帕掩住口鼻，面向一旁，避免发出大声。

5.用好自己的微笑

笑是一种最直接、最有效的体态语言，是人与人之间沟通的一种好方法，用好它，往往可以收到事半功倍的奇效。在面试中，我们应把握每个机会展露自信及自然的微笑，让考官们感受到我们的友善，而友善则是面试成功的最好条件之一。良好的微笑，最能体现出亲切与礼貌，但切忌傻笑、不适时宜的笑和皮笑肉不笑。

6.注意后续礼节

不论面试的具体情况如何，结束时都应以感谢的心态面对，真诚地说声"Thank you"；离别时应主动和考官握手道别，诚恳地说声"Thank you for giving methis opportunity"、"Goodbye"之类的话；面试后两天内，我们最好给主考官发份E-mail，当然也可以直接拨个电话以示谢意，这不仅是礼貌之举，也会加深主考官对我们的印象。

见面是交往的开始，了解是沟通的前提。人与人之间交往的第一礼节就是见面礼，见面礼是双方交流的起点，对决定求职者能否成功有着重要作用。举止庄重大方，谈吐礼貌文雅，在初次面试中能使对方形成一个牢固的心理定势，从而为应聘的成功打下良好的基础。具体来说，面试过程中的见面礼节体现在以下几点：

1.提前赴约

首先，求职面试中的见面是如约面谈，所以对求职者来说，务必要适当地提前到达，迟到是求职面试的一大忌讳，不仅会使主考官对我们的可靠性发生怀疑，而且也会使他对我们的工作效率打上一个问号，不利于求职的成功。此外，迟到还会使求职者产生一种内疚心理，无形之中把自己放到被动、尴尬的地位。据国外研究求职的专家统计，求职者面试时迟到获得录用的可能性只相当于准时到达者的一半，因此，求职面试要提前到达。

提前一点时间到达面试现场是非常必要的，最好是提前10~20分钟到达面试地点，这样不但可以提前熟悉公司环境，找到准确的面试场所，还能较好地调整一下情绪，避免气喘吁吁、慌里慌张地开始面试，无论在什么情况下都不要让考官等你。

2.礼貌通报

到达用人单位面试地点后，不可贸然进入，进门前一定要有礼貌地通报对方负责面试的工作人员，若门虚掩着，有门铃按一短声，无门铃则可轻叩门两三次，不可久按门铃不放或使劲急促地敲门，这种粗野举止会在初次求职见面时给对方留下缺乏修养的印象，尚未正式面试时已在对方心目中扣掉了一部分印象分。听见说"请进"后，再轻轻地推开门进入，进门不要紧张，动作要得体，表现得越自然越好。

3.使用恰当的称呼

当求职者进入办公室后，面临的首先是如何与工作人员或主考官打招呼的问题，这也许是第一次见面，我们的形象、我们的言谈举止自此开始接受主考官的评判，应该说真正的面试就算开始了，从现在起我们应当立即进入角色。

我们应当表现得镇静、轻松、大方。首先面带微笑，向主考官点头致意，若考官只有一个，我们可说："您好！我是×××，来参加面试的。"若考官是多人，我们可说："你们好！我是×××，来参加面试的。"这样既有问候，又有自我介绍，可以迅速消除彼此的生疏，缩短心理距离。

招呼离不开对对方的称呼，有时招呼本身就是以称呼的形式出现的，在面试过程中及结束告别时都会多次涉及称呼问题。在求职这种庄重的场合，称呼必须正确而得体。

如果对方有职务，一般采用姓加职务称呼的形式，如"李经理"、"张处长"等；如果职务较低，可不采用职务称呼，如人们一般不称呼"李科员"、"王股长"等；如果对方职务是副职，从目前社会上流行的称呼习惯和社交心理来看，若正职不在场的情况下，最好略去"副"字，就高不就低以正职相称。

如果对方没有职务或不明确其职务的情况下，一般可按目前社交场合比较流行的称呼称之，如"先生"、"小姐"、"女士"等，这种称呼更适合于在三资企业求职时使用。

4.见面握手

握手是一种常见的社交礼仪，求职面试往往也少不了握手，见面时在点头致意或打招呼的同时握手，善于握手的求职者，总是一见面就能给人以好感。

～ 自我介绍，注重礼仪 ～

如果说见面礼节是为面试的开始创造良好的氛围，那么自我介绍礼节则可以拉近求职者与主考官之间的距离。通常人人都以为自己最了解自己，介绍自己是一件很容易的事情，其实未必如此。说人易，说己难，在面试中介绍自己并非如想象的那样简单。因为有些礼仪性的东西，正融注或贯穿于自我介绍之中，许多人往往由于忽视这一概念，急于介绍自己、推销自己，缺乏介绍的艺术而引起面试考官的反感，其应试失败是可想而知的。那么就礼仪性的介绍而言，应注重什么呢？对此，应做好如下几点：

1.彬彬有礼

在作介绍前，要先对面试官打个招呼，道声谢，如："××经理，您好，谢谢您给我这么好的机会。现在，我向您做个简单的自我介绍。"介绍完毕后，要注意向面试官道谢，并向在场面试人员表示谢意。

2.主题明确

在做自我介绍时，最忌漫无中心，东扯一句西扯一句，或者陈芝麻烂谷子事无巨细都一一详谈，让人听了不知所云。须知，面试官是没有那么多闲工夫听你乱扯的。一般来说，求职面试中的自我介绍宜简不宜繁，一般包括的要素有：姓名、年龄、籍贯、学历、学业情况、性格、特长、爱好、工作能力、工作经验等，对于这些不同的要素该详述还是略说，应按招聘方的要求来组织介绍材料，围绕中心说话。假如招聘单位对应聘人的工作能力和工作经验很重视，那么，求职者就得从自己的工作能力及经验出发做详细的叙述，而且整个介绍都是以这个重点为中心。

3.莫过多夸耀

在自我介绍中，要尽量避免对自己过多的夸张，一般不宜用"很"、"第一"、"最"等表示极端的词来赞美自己。在面试场上，有些人为了让面试官对他留下深刻的印象，往往喜欢对自己进行过多的夸张，如"我是很懂业务的"、"我是年级成绩最好的一个"，总是喜欢带着优越的语气说话，不断地表现自己。其实，如果对自己过多地夸耀，意味着贬低他人，这种缺乏尊重他人的介绍方式，就是有违一般礼仪的，如此，反而会引起面试官的反感。

因此谈论自己的话题，应尽可能避免一些夸大的形容词，把话讲得客观真实，尽量用实际的事例去证明我们所说的，最好用真实的事例来显露我们的才华给面试官。

4.烘托气氛

面试场上的自我介绍，目的是获得职业，与自我标榜、自我吹嘘无关，但我们必须得想办法强化自我介绍的气氛。或许，有人会说，这是没有把握的事，因为权力不在我手中。

事情正好相反，因为我们了解自己的特性、长处与潜能，并很好地发挥它，也就是说牢记我们的优点，忘记自己的缺点，我们就能做得很好，我们就会变成磁石一样去吸引人。要觉得自己的声音有魅力，自己的学识丰厚，只有这种自我肯定，才能使自我介绍的气氛变得舒坦起来。

当然，最重要的是能够立即把思绪或情感变成风趣动人的言词，内外表达一致，自我介绍才算完美。

在做自我介绍中，会发现面试官一直在监视、观察我们的表情，这并不表明我们的自我介绍失败了，而是他们的职业习惯，不要把这一点看作是外界压力。积极的态度像一块磁石，个人的接触可以使情感亲密，而有要领的谈话，则可单刀直入地攻下对方城池。

自我介绍，要尽量表现出创意、直接、技巧、积极，并且尽量地找出令人欣赏的方法，不要反复使用公式化的东西；不要油头滑脑，不要胡乱编造，因为油头滑脑、随意编造既是对自己不负责，也是对他人不尊重不礼貌的表现。

应试者进行自我介绍的根本目的，是使主考官对自己有个初步了解，并尽可能产生良好的印象，以便将面试深入下去，从而最终赢得面试的成功。因此，在自我介绍的过程中，应试者应竭力避免以下五种情况。

1.忌"我"字连篇

千万不要以为"自我介绍"最容易用上的字是"我"字。当主试官说："谈谈你自己吧！"一名应试者十分巧妙地回答："您想知道我个人的生活，还是与这份工作有关的问题？"他把应该用"我"字打头的话，变成"您"字打头。

自我介绍虽然谈"我"，却要尽量减少"我"字的使用率。如果应试者连续三句话都用"我"字开头，面试官便会产生反感。过多地使用"我"字，面试官便会把你当成自私自利者、自我中心者、自以为是者、自我吹捧者、自我标榜者。

老把"我"挂在嘴边的人，易使人反感，受人轻视，被认为是强迫性的自我推销，所以，要经常注意把"我"字变成"您"字。"您以为如何呢？""你可能会惊讶吧！""您一定觉得好笑。""您说呢？"把"自我介绍"变成一场你与面试官之间沟通的谈话。

2.忌不着边际

应试者为介绍自己准备得十分充分，生怕有遗漏之处，自我介绍得没完没了。这些应试者心过细，甚至把自己出生日期、地点、家乡生活、毕业日期，一直到每一份工作的起止日期都答得一清二楚，不着边际也不着要点，在"历史回顾"中还来一些必要的"补充"、"说明"，面试官在倦怠中听完"回忆录"，便没有兴趣和勇气问别的问题，因为你可能将所有的问题都来一通长篇大论。

介绍时用编年史法固然是好事，但编年史不宜搞成"起居录"，不要过细，从最高的学历谈起，只要主试官不问，没有必要谈小学、中学甚至大学。谈学校设置什么课程，而无须谈我们在学校的业绩。谈与我们目前求职有关的经历，而不要漫无边际，东扯西扯。多说事实，避免笼统、琐碎的词句。最好在3~5分钟之内，停止"自我介绍"，话不能太多，也不要一谈自己就口若悬河，关键是要显出你的不凡。

面试考官问的话题有长有短，不要把所有的话题都当成论文题来做，"话多必语失"，话多并不能保证你把该讲的话都讲清楚了。

3.忌得意忘形

小李平时爱好广泛，可以拿出几项好的成绩，他去应试饭店大堂经理职务，主试官问："你擅长些什么呢？"小李觉得这是一个很好发挥的话题，于是精神大振，把自己爱好集邮，收集了许多珍贵的邮票；喜欢下围棋，水平已是业余初段；爱好长跑，曾得过本市马拉松长跑前十名等大大渲染了一番。主试官立即把他大大夸奖了一番："你的围棋达到初段，实在了不起啊！""你坚持长跑，真叫人钦佩！"小李听不出夸奖的含意，继续又说下去了："是啊，我还喜欢养鸽子……"

当主试官用夸大的语言和语调来赞美我们时，一定要警惕，他那穿着铠甲的内心里一定翻滚着一股莫名的火气。他的语调表明，他不能再听这类"自我介绍"了。看来，夸奖的言辞，恭维的话，并不一定是可喜的，也不能真正表达人的内心。表达的成分十分复杂，倘若刚一被称赞之后就立刻上当，就会弄巧成拙。最好的办法是，谈到某个话题，先说一点，同时探索出主试官表达的真意是什么，找出隐藏于赞赏言词内部的观察之心，再继续说下去。

4.忌故意卖弄

我们必须给主试官这样一种印象，我们是一个对自己非常熟悉、对自己的特点具有概括能力的人，这里不要丝毫浪漫色彩。一位学中文的毕业生，到某报社去应试编辑，他很想在介绍自己的过程中把自己的文学才能显示出来。主试官说："谈谈你自己吧！"这位大学生觉得表现自己的时机到了，清了清嗓门用抑扬顿挫的声调说道："25年前一个大雪纷飞的夜晚，我的啼哭把北国的一座城市闹醒了。懵懵懂懂度过童年，迷迷糊糊度过少年，热热闹闹度过青年。有许多欢乐，也有许多痛苦，自然也长了许多见识。我爱好黑色，包括黑咖啡……"主试官听了这番介绍却大倒胃口，最后说："你大概更合适写诗。"

面试官说："谈谈你自己。"并不是他对我们一无所知，像医生面对的每一个陌生病人，医生必须知道我们的姓名、年龄和病史，而面试官多多少少知道一些我们的情况，在这种场合下他未必对我们的"辉煌业绩"有浓厚的兴趣。要知道，没有哪种业绩能打动他，他不过是想听我们对自己的评价，或者通过谈论自己来观察我们的为人、性格等许多方面。面试官都相信，人在谈论自己时，暴露的问题最多，因而谈论自己能促使主试官决定：是否愿意聘你为他们工作。

当我们还不十分了解面试官的为人方式时，自我介绍最好是简短、有条有理、实事求是，不要乱加补语、形容词；也不要用温谈的方式，把主要经历说出来就够了。虽然我们的经历可能丰富多彩、迂回曲折，但在言论上不必表现出来，不要重复，颠三倒四。自我介绍中，一定要给面试官留下思想清晰、反应快、逻辑性强的印象。

5.忌语言空泛

王某是一位各方面都很不错的大学毕业生，但在一次求职面试中，他却失败了。为什么呢？原因在于他的自我介绍语言空泛，言之无物。他是这样说的："我在大学时，担任团支部书记，具有组织能力，交际广泛，有好奇心，协调能力强，善社交，朋友多，有韧性。"

实际上类似王某的回答法占99%，而且肯定要被淘汰，也就是说如果王某不犯这样的错误，将成为这里的1%而顺利通过。

王某回答到底犯了什么错误？交际广泛、好奇心强、协调性好，善于社交、朋友多、有韧性——这简直是一个无可挑剔的人物，但对他就立刻发内定通知书的愿望是愈来愈远了。"协调性强"、"善社交"之类的抽象词本是听了自我介绍的主考官记录对考生的印象的词汇，做自我介绍的应试者本人不应该说。

参加面试就是为了推销自己，所以极力宣传渲染自己的心情可以理解，不过应试者自称有协调性，主考官能就那么天真地相信吗？相反，极力想表现"协调性强"的人反而容易给人一种缺乏这方面自信的感觉。

面试时一般都会不自觉地暴露自己的弱点，往往是朋友交往少的人，为不让考官看出来，用"我交际很多"之类的语言加以掩饰，结果却往往会弄巧成拙。

古人说要在日常生活中"谨于事而慎于言"，这是经验之谈，意思是说话做事都要谨慎，这一点同样适用于求职者的面试应答。求职面试中的应答提问与一般的交谈有所不同，所以其要求也不一样。

从交谈的基本原则来看，求职面试的应答一般要掌握这样几点原则：

1.诚恳热情

把自己的自信和热情"写"在脸上，同时表现出对去对方单位工作的诚意。据有关调查研究表明，求职者在应答交谈中自然地模拟该单位职员的口气有助于让对方信赖。

2.落落大方

要把握住自己，应答时要表现得从从容容、不慌不忙，有问必答，问而不答、毫无反应是很失礼节的。尽管有时在应答中难免会碰到一时答不出来的问题，但也不要一言不发，可以用两句话缓冲一下："这个问题我过去没怎么想过，从刚才的情况看，我认为……"这时脑子里就要迅速归纳出几条"我认为"了，要是还找不出答案，就先说我们知道的，然后承认，有的东西还没有经过认真考虑。考官考我们的并不一定只是问题的本身，如果我们能从容地谈出自己的想法，虽然欠完整，也不致影响大局。

3.谨慎多思

回答之前，应对自己要讲的话稍加思索，想好了的可以说，还没有想清楚的就不说，或少说，切勿信口开河。文不对题、话不及义，会给人以一种浅薄之感。

4.朴实文雅

这是一种美德，也是知识渊博的自然流露，但切忌装腔作势，故意卖弄。应答中只要言辞达意，表达流畅即可。

从交谈的礼节来看，当主考官发问时，求职者应动脑筋，搞清对方发问的目的、要求，尽力做到有礼有节，不可随意答复或敷衍搪塞，因为如此态度或行为也是失礼的。

另外，从求职面试的具体过程来看，主要是主考官发问与求职者应答的过程。但求职者除了注意应答礼节和技巧外，有时为了及时了解有关情况，还应学会适时地提问（询问），这样通过面试可使主考官和求职者双方都能达到预期的目的，也可调整面试交谈的气氛。

人 生 智 慧

◇良好的微笑，最能体现出亲切与礼貌。

◇自我介绍中，一定要给面试官留下思想清晰、反应快、逻辑性强的印象。

◇谨于事而慎于言。

职场礼仪，需要遵守

【聊天实录】

我：晏老先生，您对职场礼仪有何高见？

晏子：我曾在《晏子春秋》提到：上若无礼，无以使其下；下若无力，无以事其上。……人之所以贵于禽兽者，以有礼也。人君无礼，无以临其邦；大夫无礼，官吏不恭；父子无礼，其家必凶；兄弟无礼，不能久同。

我：您这句话该如何解释呢？

晏子：这句话的意思就是：在上位的人不讲礼仪，就没办法领导他的下属；在下位的人如果没有礼仪，就没办法侍奉上级。……人之所以比禽兽尊贵，就是因为人类有礼仪。君王不讲礼仪，就没办法统治国家；高级官员不讲礼仪，下级官吏就会对他不恭敬；父子之间没有礼仪，家庭肯定出凶事；兄弟之间没有礼仪，肯定不能长期和睦生活在一起。

我：您的意思是说：在工作中，不管是上司对待员工，员工对待上司，抑或是员工对待同事，都应该遵循职场礼仪，这样才能打造出一个完整的团队，促进企业的发展和进步。

晏子：是的，你说得很对。为人如果没有礼仪，就不能和他人取得相互理解和信任，进而和谐共处，必然会陷入闭塞不通、孤家寡人的孤立境地，很难成就什么事业，更无法实现人生的存在价值。

【解读】 员工与上司工作配合的礼仪

职场生存，应该学会与上司和谐相处、默契配合，这既符合礼仪的需要，也能得到上司的信任、支持、关心和帮助。对此，应遵循下列工作礼仪。

1.领会上司的意图

正确领会和贯彻上司的意图，是一个合格部属的基本要求。假如说话、办事违背上司意图，就有可能"费力不讨好"，把事情弄糟。

上司的意图很多就蕴含在文件、批示或口头指示之中，要靠部属去理解、体会，当然有时还需要进一步向上司当面询问、请教。

一般来说，上司喜欢交代一两遍就能明白自己意图的下属，因此作为下属，千万要用心理解、勤于总结，争取一次听清，切忌不懂装懂，或者凭空想象，违背领导意图。

2.完整地接受上司指派的工作

接受上司指派的任务时，不能只是一味地点头，一定要问明白，尤其是重要事项，上司因忙碌或疏忽，有时可能会漏掉某个重要的事项，我们应当场问清楚。

从上司那里接受指派的工作，应该提"在什么时候之前完成"的问题，以确认期限。我们也会同时做几件事，因此必须问清期限，以确定优先做哪件事。

当我们在期限内完成了上司指派给我们的工作，上司一定会对我们另眼相看。此外，要是我们表现得诚实可信，上司就会有"可以把事情交给他去做"的想法，从而对我们更加信赖。

3.及时向上司汇报工作进展

在任何情形下，从上司那里接受到任务之后，无论多么简单的事，都必须做到一结束就立即报告，丝毫马虎不得，免得让上司久等。

如果是长期的工作，应该在中途报告进展情况。对交给我们去做的工作，实际上上司会非常在意。如果我们能主动在中途报告经过，让公司随时掌握进度，上司则会比较放心。

4.为上司分忧

能够在工作方面协助上司把事情办好，这是所有的上司都喜欢的部属。部属对上司的失误，应及时提醒、善意参谋，不能在一旁袖手旁观。

假如下属的聪明才智得到赏识，切莫在上司面前故意显示自己，否则就有做作之嫌。用技术性较强的专业术语与上司交谈，上司可能把你看成书呆子，缺乏实际经验。

5.只听不传

在上司身边工作，部属的工作范围有时会涉及很多方面。在面对若干个上司的情况下，必须协调和处理好上下左右的关系、其中一条重要的原则，就是"只听不传"，也就是说，有碍于领导之间团结的话，只能听，不能言传。

严守秘密，不该说的绝对不说，部属要从维护上司形象出发，学习上司的长处，淡化与工作无关的信息，这是部属对上司负责的表现，这样做，必然会赢得上司的信任和支持。

处理好与上司之间的关系，是职场获得成功的重要手段。学会与上司融洽相处，这样，我们的能力就会逐渐为上司所赏识，工作起来也就会逐渐得心应手。

6.理智地对待批评

如果上司错怪了我们，不要在开会时就和他针锋相对，散会后找个方便的时机，向他解释真实的情况，他一定会对我们心怀歉意。

当上司大发雷霆时，不要试图马上解释或与之针锋相对，即使我们会暂时委屈地离开办公室，但很快就会有机会让我们解释的。

❧ 上司与职员相处的礼仪 ❧

1.树立风纪，以身作则

一个喜欢谈论东家长西家短的员工，会被认为是一个品行不佳的人，因此，作为一名领导，更要带头不在工作时间说与工作无关的事。

不要在公开场合驳斥他人，驳斥别人的人可能自以为很聪明、很机智，但在别人看来却正好相反，会影响你的形象。

虽然我们的下属有责任帮助我们完成工作，事情无论大小都可交给他处理，但如果我们能将一些比较烦琐而困难的工作，独自完成妥当，让下属有更充裕的时间做好其分内的事务，对方将感激不尽，对我们也更忠心。

视下属如知己好友，多征询对方的意见，接受他们的批评，采纳中肯之言，不听信谗言，不居功自傲。

别吝啬自己的鼓励，赞美使人意识到自己的价值，可以增强个人的自信心。当一个人感到他取得的每项成绩都能引起别人的注意时，就会有信心去尝试做更困难的工作。下属做对了，上司马上要表扬，而且很精确地指出做对了什么。这使人感到我们为下属取得的成绩而高兴，与下属站在一条战线上分享成功的喜悦，所以，我们的鼓励与表扬一要及时，二要具体、准确。

2.敢作敢当，拥有大家风范

如果团队出了差错，要勇于出面为团队承受指责，只会在更高层主管面前推托诿过，即使过错责任真的不在他，也显得欠缺领导者应有的气魄。

当我们发现手下员工的工作表现逐渐恶化的时候，必须寻找发生这个现象的原因。如果不是有关工作的因素造成的，那么很可能是员工个人的问题在打扰他的工作。绝不能采取"这不是我的责任"而忽视它，也不能严厉地告诫员工改善工作状况，否则就开除他之类，管理者首先应与员工面谈。

当我们得到能使集体共同获益的重要信息时，应当让每一位部属都分享，不要一个人偷偷独占与大家有共同利益的信息。尤其在共同计划一项业务时，更不要"只手独揽"。

接到任何邀请均应在一周内答复，如果接受了邀请，就务必到场。一位有良好礼仪的主管会认真对待邀请函上"敬请赐复"的字句，而绝对不会无故失约。一位主管如果在公司或私人的活动中无故缺席，不仅会破坏个人形象，也会有损于公司声誉。

对自己的过去和现在不要夸耀，如果我们是因为家族的关系而坐上主管这把交椅的，不要在同事面前炫耀自己的家世。

员工与同事相处的礼仪

营造融洽的职场氛围是提高工作效率的根本，与同事交往，真诚相待、依礼而行、相互尊重、减少摩擦是非常必要的。总的原则是：除了要达到既定目的，也要兼顾友谊的发展；除了要提高办事效率，也要兼顾他人的难处。在礼仪方面应注意以下六个方面。

1.尊重和关心同事

尊重同事的生活习惯，尊重同事的处世方式。人都有友爱和受尊敬的欲望，都渴望自立，成为家庭和社会真正的一员，平等地同他人沟通。对此，应"己所不欲，勿施于人"，不可把自己的观点勉强让他人接受。如此才能相互融洽，并使对方尊重你。

2.讲求协作精神

一件工作往往需要多方的协调才能做好，在办公室中一定要同心协力、相互协作、互相支持。自己的工作一定要克己奉公，不能推卸责任。需要帮助要与同事商量，不可强求；对方请求帮助时，则应尽己所能真诚相助。对年长的同事要多学多问、多尊重，对比自己年轻的同事则要多帮助、多鼓励，这样才能建立一个团结、文明的办公环境。得到同事们的尊敬，自己工作起来也会舒心。

3.体谅难处，倾情相助

不管是在工作中还是生活上，同事若有难处，都应予以体谅理解，并尽力帮助。当同事有困难之时，千万不要吝惜我们的关心与安慰，对同事重视会让他感受到我们诚挚的友谊，这是赢得对方信任的关键。

4.主动道歉

同事之间经常相处，一时的失误在所难免。如果出现失误，应主动向对方道歉，征得对方的谅解；倘若同事对我们产生误会，应该向对方说明，不能小肚鸡肠，耿耿于怀。

5.平等、广泛地交往，不要结成小集团

同事之间虽熟，但不同于朋友，经常会有自己喜欢的和不喜欢的同事共处一室，在交往态度上，特别是上班时间内，一定要保持一视同仁，平等对待。

6.用幽默调节同事间的紧张关系

这是一种技巧，真正学会在不伤害任何一方利益的前提下，化解矛盾双方的误解，不偏不倚，成为大家信赖的"解铃人"。

幽默是化解尴尬气氛的"调和剂"，用幽默化解同事间的紧张关系，必然会赢得所有同事的信赖与尊重。

善待他人，就是善待自己；善待同事，必将得到同事的善待，这是职场中一项很划算的投资。善待同事仅仅需要我们的一点耐心、诚心和细心，这是世人皆能办到的事情。

人 生 智 慧

◇赞美使人意识到自己的价值，可以增强个人的自信心。

◇对自己的过去和现在不要夸耀。

◇善待他人，就是善待自己。

公司形象，员工维护

【聊天实录】

我：晏老先生，您对员工应该维护公司形象有何高见？

晏子：我曾在《晏子春秋》提到：礼之可以为国也久矣，与天地并立。君令臣忠，父慈子孝，兄爱弟敬，夫和妻柔，姑慈妇听，礼也。君令而不违，臣忠而不贰，父慈而教，子孝而箴，兄爱而友，弟敬而顺，夫和而义，妻柔而贞，姑慈而从，妇听而婉，礼之善物也。

我：您这句话该如何解释呢？

晏子：这句话的意思就是：礼可以治理国家，由来已久了，礼与天地可以说是同时存在的。君主发令、臣子尽忠，父亲慈爱、儿子孝顺，兄长爱护、弟妹尊敬，丈夫和蔼、妻子温柔，婆婆慈祥、儿媳听话，这一切，就是礼的根本。作为国君，发布命令而不能有失误；作为臣子，一定忠诚而不能有二心；作为父亲，慈爱必须结合教育；作为儿子，孝顺的同时还必须谏诤规劝；作为兄长，爱护还必须友善；作为弟弟，恭敬兄长还须顺从；作为丈夫，和蔼而又要坚持原则；作为妻子，温柔还要贞洁；作为婆婆，慈祥而又不专权；作为儿媳，顺从而委婉，这些都是礼的本质。

晏子画像

　　我：您的意思是说：只有公司发展了，员工的工资待遇才能更上一层楼；公司的社会声誉提高了，员工走在大街时才会有一种荣誉感。为此，身为公司员工要时时关心公司发展，处处维护公司形象。

　　晏子：是的，你说得很对。维护公司品牌形象不是哪一个人做的事情，而是每一位员工都应具备的职业精神。

【解读】　　**员工代表着公司的形象**

　　曾经有一位企业家讲了这样一件事情：

　　我在日本工作的时候，有一个日本朋友带着他的夫人来我住的地方看我。在客厅聊天的时候，日本朋友的夫人突然间问了我这么一句话："为什么你不看索尼牌的电视？"我看的电视是东芝牌的。我笑了笑，没有说话，她又接着说："我们索尼电视很棒啊！"我这才知道，原来她是索尼公司的员工。其实，她在索尼公司也就是一名很普通的员工，做的是很普通的工作，既不是主管也不是高层管理人员，但看到别人看的电视不是索尼牌的，她就会说出这些话来，说明她时刻想着公司，这就是一种职业精神。

其实日本人都有这个习惯，他们对于自己公司的品牌维护得很好，如果看到有人使用的物品不是自己公司的牌子时都会问一问。如果有个拿个佳能的照相机出去，恰巧被一名尼康的员工看到了，大概也会被问到为什么不用尼康的照相机，可以说，这种职业精神在他们身上体现得淋漓尽致。

品牌是一种整体意识，需要公司上上下下每一位职员进行整体维护，每一个环节都要做到一丝不苟。

路易·威登是世界名牌，许多朋友到欧洲旅行一定会买一个LV的皮包，尤其是女孩子，为什么？在欧洲，制作提包的工具，不论是刀、剪子、钻子，其实都是一些很普通的工具，那种工具在我们中国早就有了，是完全一样的，但是LV却把手提包做得那样精致，这就叫作品牌。使用的工具很普通，但是每一做包的人都把它做好，每一个钉包的人都把它钉好，每一个擦皮革的人都把皮革擦好，每一个上配件的人都把配件上好，每一个缝制的人都把它缝好，每一个贴标签的人都把标签贴好，因此LV的手提包才会那样精致，才会那样受欢迎，它的品牌形象也才会那样良好。

然而，很多人却对此不以为然，没有一种整体意识，没有全力去维护公司品牌形象，可以说这些人不够职业化，缺乏一种职业精神。

一家餐厅最没有品牌意识的是它们的后厨，很多厨师会蹲在饭店厨房的后门，他们上身没穿什么衣服，打个赤膊，然后蹲在那里抽烟，或者把袖子卷起来蹲在水沟边。这就是破坏餐厅形象的行为，是整体意识当中缺失的一个部分。

其实，不仅仅是餐厅后厨的厨师不在乎品牌形象，就连银行甚至一些政府机关，那些坐在门口或站在门口的警卫也是一样的。他们什么事都不管，营业大厅不管怎么忙，他们连上去帮帮忙的意识都没有。

品牌应该是经营在前，收成在后；努力在前，安心在后。应该做到这一点，这才是所谓的品牌意识。

作为一名职业化员工，公司就是自己的第二个家，应处处维护公司的利益，全力去维护公司品牌，培养自己的职业精神。

员工要全力维护公司的形象

泰国有一家保险公司的外勤员向公司报告，当他们进行推销工作时，穿得整齐比穿得不整齐好，在业绩上相差甚远，可见人们对穿着整齐的人，总是比较信任的。

浙江温州有位杨先生，来到欧洲发展，就在当地找了份工作。几年后，他到了一家中等规模的保健品厂做推销员，公司的产品不错，但知名度却很有限。

一次他坐飞机出差，不料却遇到了劫机事件，度过了惊心动魄的10个小时之后，在各界的努力下，问题终于解决了，他可以回家了。就在要走出机舱的一瞬间，他突然想到在电影中经常看到的情景，当被劫机的人从机舱走出来时，总会有不少记者前来采访。

为什么不利用这个机会宣传一下自己公司的形象呢？

于是，他立即做了一个在那种情况下谁都不会想到的举动，从箱子里找出一大张纸，在上面写一行大字："我是××公司的××，我和公司的××牌保健品安然无恙，非常感谢营救我们的人！"

他打着这样的牌子一出机舱，立即就被电视台的镜头捕捉到了，他成了这次劫机事件的明星，很多家新闻媒体都对他进行了采访报道。

等他回到公司的时候，公司的董事长和总经理带着所有的中层主管，都站在门口夹道欢迎他，欢迎这位平凡而又不平凡的销售人员。原来，他在机场别出心裁的举动，使得公司和产品的名字几乎在一瞬间家喻户晓了，公司的电话都快被打爆了，客户的订单更是一个接一个。董事长动情地说："没想到你在那样的情况下，首先想到的竟然是公司和产品，毫无疑问，你是公司最优秀的推销员！"董事长当场宣读了对他的任命书，任命他为主管营销和公关的副总经理，之后，公司还奖励了他一笔丰厚的奖金。

员工形象决定公司形象，时刻想着公司的利益，自己的利益也能得到最大的满足。

任何公司都有一个属于自己的独特形象，或卓越优异，或平凡普通，或年轻时尚，或内蕴深厚……良好的企业形象可以使企业在市场竞争中处于有利地位，受益无穷；而平庸乃至恶劣的企业形象无疑会使企业在生产经营中举步维艰，贻害无穷。企业形象不仅要靠企业各项硬件设施建设和软件开发，更要靠每一位员工从自身做起，塑造良好的自身形象。因为，员工的一言一行直接影响企业的外在形象，员工的综合素质就是企业形象的一种表现形式。

一个员工如果没有维护企业形象的意识，他肯定是一名不合格的职业人！

员工的一举一动，无不在外人的眼中影响着公司的形象，员工的形象也就是公司的形象。特别是在客户的眼里，员工给客户自信的感觉犹如企业给客户公司实力雄厚的感觉，员工的谈吐影响着企业的信誉。如果员工在与客户沟通的时候满口脏话，客户对这个员工所讲的话就会产生一定的怀疑，同时客户可能对公司也有看法，这个时候，员工的言谈更是重要。如果客户说："你们公司管理很差。"而员工也跟着说："是呀，我也觉得难受。"然后客户会说："那就完蛋了。"相反，如果员工说："其实不是这样的，我想你是不太了解我们公司，只要你了解了，就一定会欣赏我们公司的。"两个不同的回答，纵使客户对企业的印象是真实的，前一个回答自然会使公司形象更糟，而后一个回答则能挽回公司的形象！可能客户以前的确对这个公司有误解，但是通过这个员工维护企业的形象，则可能抹掉过去给客户留下的不良印象。

有位公司经理讲过这样一件事情：

"有一回，我同某公司销售经理共进午餐，每当一位漂亮的女子走到桌子旁边时，他的目光总是随着女子的移动而移动。我对此感到很气愤，我感到自己受到了侮辱。心里暗想，在他看来，眼前的女子比我要对他讲的话更重要。他并没有听我讲话，他简直不把我放在眼里。这样的人居然是一家公司的销售理，看来这家公司的整体素质的确不怎么样。"于是，这位经理取消了和这家公司的合作。

作为企业的一名员工，不管走到哪里，始终都要记得自己是公司的员工，记得你的形象就是公司的形象，这是作为公司员工的基本职业精神！如果四处诽谤公司，甚至挖空心思讽刺公司的管理人员，这不仅显得该员工素质低下，也显得这家公司不值得信任。

人生智慧

◇品牌是一种整体意识。

◇员工的综合素质就是企业形象的一种表现形式。

◇员工的形象也就是公司的形象。

违背礼乐，国将不国

【聊天实录】

我：晏老先生，您对国家礼仪有何高见？

晏子：我曾在《晏子春秋》提到：夫乐亡而礼从之，礼亡而政从之，政亡而国从之。国衰，臣惧君之逆政之行。有歌，纣作《北里》，幽、厉之声，顾夫淫以，鄙而偕亡。

我：您这句话该如何解释呢？

晏子：这句话的意思就是：好的乐曲被靡靡之音取代而亡，礼仪就会跟着灭亡；礼仪衰亡了，政治就会跟着衰亡；政治衰亡了，国家政权就会跟着衰败。国家衰败，人们担心君王违背政道行为会从这靡靡之音开始。商纣王曾作《北里》，周幽王、周厉王的音乐也是淫荡而鄙俗，他们都亡国了。

我：您的意思是说：古代贤明的君王用礼乐来引导民众，最终能使民众和谐和睦，而小人却是因为在礼乐中使自己的欲望得到满足，这种做法违背礼乐的正道，因此他也将会很快灭亡。

晏子：是的，你说得很对。治世之音安以乐，其政和；乱世之音怨以怒，其政乖；亡国之音哀以思，其民困。

【解读】 靡靡之音，终会亡国

南唐后主李煜，本无治国之才，却登上帝位，喜好诗文音律的他，终究也落得个饮毒而亡。

自大周后生病卧床，李煜便与大周后的妹妹周薇在红罗小亭里歌唱醑饮。李煜亲执檀板，周薇婉转歌喉，月白风清，良辰美景对佳人，便是天上神仙，也不过如此。

李煜只在红罗亭内朝夕寻欢作乐，早把众妃嫔抛在九霄云外。那些妃嫔看到李煜这样的冷落，未免心怀怨意。恰巧借李煜填的一首词作为证据，探问大周后疾病的时候，来到中宫，将李煜与周薇的私情，一齐告知大周后。

当大周后得知自己清纯的妹妹背着自己与姐夫有了私情后，病情日益加重，不久便撒手尘寰，魂归道山。李煜见大周后病故，传旨从厚殡殓，附葬山陵，谥为昭惠皇后。

自此以后，周薇后便陪李煜在宫中。帮李煜分忧解愁，渡过难关。开宝元年，即968年，也就是娥皇病逝的后一年，李煜正式举行婚礼，又一次用皇家规格最高的仪仗迎娶了周薇。自此，李煜再也不管朝政大事，日日与周薇游览金陵美景，变成闲云野鹤，只是吟诗作对，与周薇继续过着才子佳人的生活。

970年，即北宋开宝二年。周薇终于成为正式的国后，史称小周后。当时南唐内外交困，久被国事折磨的李煜只有在小周后的柔情和妩媚下才感到自己的生活仍有乐趣可言，但这使他更不理国政，整日与小周后等女宠混迹在一起。

五年之后，北宋向南唐发动了全面进攻，不久金陵失陷，南唐灭亡，李煜成了亡国皇帝。他按照北宋的要求，率领王公后妃、百官僚属经过数月的艰难跋涉，来到开封。朝觐北宋皇帝赵匡胤，得到了一个带有极大侮辱性的封爵"违命侯"。

李煜这边又是牢骚又是情绪激昂的填词，消息传到了赵光义的耳中，这一《虞美人》终于令赵光义勃然大怒，顿起杀机，不久，一杯毒酒便解决了这位才子皇帝。

❧ 礼崩乐坏，国将不存 ❧

《礼记·乐记》有言曰："乐者，天地之和也。礼者，天地之序也。和，故百物皆化；序，故群物皆别。"礼，是对上下、尊卑、长幼关系的外在规范，体现的是秩序；乐，是人内在情感的自然流露，表达的是情感。礼与乐相互配合，既可以使人遵守一定的等级秩序，又能使人们在这个秩序之下和谐相处。当然这里的乐指的是正乐、雅乐，而如果是"靡靡之音"、"亡国之音"，那么，将会误国误民。

唐朝皇帝李隆基，建立了开元盛世，怎么会衰落？他是个明君，怎么会变成昏君？怎么会使唐皇朝逐渐衰落，几乎亡国？

唐朝的疆土，包括今天的河南商丘、开封，陕西凤翔，湖北江陵、襄樊，北至太原、北京，西至蜀川即四川。今甘肃武威，凉州商业繁盛，河西走廊，中亚、西亚顺畅，商人往来交通方便，各国使者商人来往不绝。社会财富的增加，国力空前强盛。

武则天时期，东突厥，契丹辽西十二州今辽宁柳城，朝阳都归属唐朝。

到了唐玄宗时期，社会经济的繁荣，跟着推动了文化事业的发展。唐玄宗多才多艺，特别擅长音乐，音乐舞蹈大发展，盛世的唐诗、歌等，对中国文学的影响极为深远，著名诗人有高适、岑参、王维、孟浩然、李白、杜甫、白居易等众多的名诗人。众多的名诗人，在诗中歌繁华，全国各地都在吟诗，全面深刻地反映了这一时代的特点。再如书法，绘画雕塑，陶瓷等工艺，也都有显著的成就。

但是，唐玄宗李隆基，当了二十多年太平皇帝之后，渐渐滋生了骄傲自满情绪，对国家的治理也慢慢放松了。唐朝社会自开元盛世，进入天宝年之后，许多社会矛盾开始激化，唐朝从此走上了由盛到衰之路。唐玄宗李隆基由英明变成昏庸，不理朝政，整天与杨贵妃戏谑调情，甚至不惜人力从岭南，送荔枝到长安给杨贵妃吃。杨贵妃"一人得道，鸡犬升天"，她的三个姐姐，都被封为夫人，杨贵妃的远房族兄杨国忠跃升为宰相。

唐玄宗晚年，宠信奸佞，纵情声色，追求享乐。盛世政治开始混乱，封建统治腐朽，社会矛盾越来越尖锐，李家皇朝已坐在火山口上了，开元盛世开始结束，一个大动乱、大分裂开始了。

735年，唐玄宗的儿子李瑁，在其母武惠妃的帮助下，把十六岁的杨玉环被正式封为寿王李瑁的妃子。737年唐玄宗李隆基宠爱的武惠妃病死了。740年，晚年的唐玄宗好色，遍寻美女。唐玄宗在骊山温泉宫，听说儿子李瑁的妃子杨玉环很美，能歌善舞通晓音律，又娴熟各种器乐，就命人从寿王府召来杨玉环，前来陪驾献舞。当时56岁的唐玄宗，一下子被杨玉环的美艳，"回眸一笑百媚生，六宫粉黛无颜色"的娇媚倾倒，唐玄宗李隆基从此再也放不下这个儿媳妇了。杨玉环的出现让唐玄宗心惑神迷，色令智昏。他决心，父夺子妻，将杨玉环占为己有。

为了掩人耳目，掩盖自己思想无道德的坠落。在宦官高力士的安排下，先让杨玉环向李瑁提出离婚，后主动申请出家为尼，取法号"太真"，出家的地点，是道观太真宫（宫廷道教的庙宇）。不久，使杨玉环还俗，唐玄宗把她迎入宫中。从此，李隆基日日笙歌，不离杨玉环，夜夜专房沉溺声色之中。春宵苦短日高起，从此君王不早朝，国事任凭李林甫处理。

745年（天宝四年）农历八月，李隆基封杨玉环为贵妃。在此之前，为了安抚儿子寿王李瑁，李隆基于七月，替李瑁另选左卫中郎将韦昭训的女儿为妃，册立韦氏为王妃。

杨玉环被封为贵妃后，追赠父亲为太尉，齐国公，追封母亲为凉国夫人，大姐为韩国夫人，三姐为虢国夫人，八姐为秦国夫人。堂兄杨铦，授鸿胪卿，杨锜任侍御史。整个杨氏家族凭着杨贵妃的地位，生活荣华富贵，政治上权倾朝野。远房堂兄杨国忠，凭着杨贵妃的关系，进入京师，仕途一帆风顺，李林甫年老病死后，迅速上升，出任宰相。

唐朝大诗人白居易诗："姊妹兄弟皆列土，可怜光彩生门户。遂令天下父母心，不重生男重生女。"

最终，八年的安史之乱，唐玄宗外逃，强盛的大唐从此一蹶不振。

人生智慧

◇治世之音安以乐，其政和。

◇乱世之音怨以怒，其政乖。

◇国之音哀以思，其民困。

清正廉洁，以身作则

【聊天实录】

我：晏老先生，您对领导以身作则有何高见？

晏子：我曾在《晏子春秋》提到：君若无礼，则好礼者去，无礼者至；君若好礼，则有礼者至，无礼者去。

27

我：您这句话该如何解释呢？

晏子：这句话的意思就是：君王如果不守礼仪，那么守礼仪的人就会离开君王，而不讲礼仪的人就会前来；君王如果好礼，那么讲究礼仪的人就会前来，而无礼的人就会离开。

我：您的意思是说：领导只有自己遵守礼仪，以身作则，才能让员工们遵守礼仪，为公司奉献自己的一份力。

晏子：是的，你说得很对。礼义备而君子归之。

【解读】 ❧ **严于律己，躬身行俭** ❧

晏婴身为齐相，平时穿粗布衣，一件狐皮大衣穿了十年，即使祭祀祖先也不过将衣服和帽子洗净穿上罢了。

一天，齐景公的使者到晏婴家，恰巧赶上晏婴将要吃饭，晏婴就把饭分一份给使者吃，结果两人谁也没有吃饱，使者便将此事告诉了景公。

齐景公听说晏婴吃饭很节俭，便亲自到他家去看。的确，晏婴吃的糙米饭，只有一荤一素两个菜。景公以为晏婴非常贫困，为此还做了自我批评。晏婴解释说："现在老百姓生活很苦，一般人士勉强每顿能吃上大米饭，而我的一顿饭就等于他们三顿用的钱，可我的德行和才能并不高出他们一倍。由此看来，我的生活并不贫穷。"

齐景公想改善一下晏婴的居住条件，于是对晏婴说："您的住所距市井太近，既低下狭小，又喧闹多灰尘。您身为齐相，住在这里实在不合适，请换一处地势高、宽敞、明亮的地方，建造新居吧！"晏子不肯，说："我祖祖辈辈都住在这里，我继承这份遗产，对我来说已经太奢侈了，不敢再有别的奢望。"后来，景公乘晏婴出使晋国的机会，给他建造了一处新居。等到晏婴返回齐国时，新居已建成了。他拜谢了景公，随后将它拆掉，按照原来百姓的住房重新建造好，让原来的住户重新搬回来，自己还是回到原来的住宅。

晏婴上朝时，总是乘坐一辆劣马拉着的破旧车子，景公以为他的俸禄少，才乘坐与自己身份不相称的车子。晏婴说："由于您的赏赐，不仅我吃得饱，穿得暖，有车子坐，还有力量帮助别人，我的生活已经很好了。"晏婴走后，景公派人送他一辆由几匹膘满肉肥的马驾着的漂亮车子，送了三次，晏婴终不肯接受。景公很不高兴，迅速召他问其原因，并说："如果您不接受，我也不再坐车子。"晏婴说："您任用我管理全国的官吏，我怕他们奢侈浪费和行为不正，要求他们节衣缩食，以减轻老百姓的负担，现住您在上面乘坐好的马车，我也如此，上行下效，奢侈之风就会在全国盛行，那时候我就无法禁止了。"最后景公只好顺从了晏婴的意见。

晏婴不仅在衣、食、住、行方面严于律己，躬身行俭，而且对待封邑问题，也显出他的高风亮节。

一次，景公要把富庶的平阳（今山东平刚东北）和棠邑（今山东聊城西北）赏赐给晏婴。晏婴不肯接受，并说："由于您喜欢修建豪华的宫殿，弄得老百姓筋疲力尽；您贪图享乐，弄得老百姓贫困不堪；您动辄对外兴师打仗，老百姓将要活不下去了。因此，百姓十分怨恨朝廷和官府，所以我不敢接受您的赏赐。"景公说："您说得对，那么您就不想富贵吗？"

晏婴答道："我以为当臣的，首先为君主，然后才为自己，先为国而后为家，怎么说唯有我不想富贵呢！"景公说："那么用什么东西来赏赐您呢？"晏婴答道："您下令减免渔盐商人的税收，对农民实行'十一'税；减轻刑罚，该判死刑的减为徒刑，该判徒刑的改为较轻的处罚，该判较轻处罚的免罪释放。您做到以上点，那就是对我最好的奖赏。"景公照办了，不仅使人民得到了好处，同时也改变了齐国在列国中的不好形象。

"晏婴使晋"讲的也是晏婴以廉洁自守为美德的故事。

当时，中原霸主晋国召集诸侯会盟，晏婴奉命前去参加。来到晋国，接待晏婴的是晋国大夫叔向。二人初次相识，双方都不太了解，但看过晏婴的行装，叔向心头疑惑：你说你长相寒碜倒也罢了，但到底也是代表齐国会盟，这多少也算件大事吧，你打扮得这么寒酸干什么？

接风酒宴上，叔向委婉地问晏婴："相国呀，叔向一直不清楚节俭与吝啬有什么区别，还请您指教一二。"晏婴一听，心想：这是在嫌咱寒碜了，不能在这个问题上丢了齐国的颜面。他认真地回答道："晏婴认为：节俭，是君子的品德；吝啬；是小人的恶德。正确衡量财物多寡，并且有计划地使用；富贵时不过分地囤积，贫困时也不向人借贷；不放纵私欲，不奢侈浪费，时时念及民众的疾苦——这就是节俭。反之，积累财富只图自己享受，而没有赈济百姓的想法，即使一掷千金，也是吝啬！"

叔向肃然起敬，真诚地表示愿意与晏婴结交。

但齐国这边，齐景公趁着晏婴出使晋国，自作主张把晏婴的住宅重新装修了一下，占地扩大了许多，还把一些商户赶出了市场。等晏婴风尘仆仆地回到齐国，改建已经完工，他知道不能挽回什么，只得向景公拜谢。

一回家，晏婴立刻叫人把新房拆掉，他又个人出资按原样重新建造了左右邻里的屋子。一切恢复成原样，晏婴又派人把原住宅的人请回来，一切又和没改造之前一样了。

齐景公得知心里很不高兴，认为晏婴分明是不领自己的情，决定召他入宫质询。

未入大殿，晏婴远远就看见景公拉着脸坐在榻上，把头别到一旁气哼哼地等着。晏婴并不在意，走上前向景公解释道："我知道，我辜负了国君的一片好意——今天就算您不召见我，我也要向您做出解释。俗话说得好：'不是住宅需要选择，只有邻居应该选择。'我已经和原先的邻居们相处时间不短了，知道他们都淳朴而厚道，正是我喜欢相处的那种人，这些从先人那儿流传下来的传统我当然不敢违背啊！"

景公面色略有缓和，侧过脸来看了看晏婴。

晏婴接着说："当然，传统是传统，眼前就发生了教我深受触动的事。这次使晋，我看到那些大家族的势力越来越大了，他们生活奢侈、封邑辽阔，几乎已经凌驾于国君之上，为什么呢？还不是一门心思的给自己捞好处，从不考虑忠于国君和为百姓谋福祉吗？这是任何国君都不愿意看到的。我为什么要恢复旧宅原貌？就是为了提醒自己：不能像他们那样无视国君！若是齐国大臣们都有了他们那样的私心，恐怕过不多久，您也会被架空吧？所以晏婴斗胆拂了国君的一番好意！"

看到晏婴态度决绝，景公只好说："既然您自己愿意这样，那就随你好了。"就这样，在晏婴的努力下，他的住宅变回了原样，小商小贩们昼夜不息的叫嚷和喧闹声依旧回响在耳边。

晏婴临终前还告诫他的夫人："我死后，不管世道如何变化，一定要保持家风，不要改变你以往的习俗。"对他未成年儿子的遗言大意是：富贵了，不要奢侈腐化，不要挥霍浪费，不要骄傲放纵，不要贪财自私。

居功不傲，廉洁自爱

公元前117年的一天，这一天阴雨连绵，人们要为刚刚去世不久的著名将领霍去病举行隆重的葬礼。霍去病的死，使汉武帝的心情万分悲痛。清晨刚过，汉武帝便亲临为自己预建的坟墓，茂陵旁边，准备为霍去病赐葬。与此同时，成百上千的身着黑色盔甲的将士，个个怀着悲痛的心情，排着长长的队伍，缓缓地把霍去病的灵柩一直护送到茂陵旁边的墓前，送行的队伍绵延几十里，其悲壮场面是空前的。

人们不禁要问：一位年轻的将领去世，为什么能牵动这么多人的心呢？

原来，霍去病在当时不但是一位英名盖世的沙场英雄，而且还是一位品行卓著的清官，霍去病居功不傲、廉洁自爱，在当时赢得了很高的声誉。

霍去病出身十分贫寒，少年时期还曾在贵族家中做过奴仆。他的姨母卫子夫做了汉武帝的皇后之后，霍去病才有机会跻身于贵族行列。后来，霍去病官拜侍中，出入皇宫和接近皇帝的机会越来越多，但是，霍去病从没有因为地位的改变，而丢掉他自小养成的艰苦节俭的本色。

他在宫中做官时，从不像一般贵族公子那样，花天酒地，寻花问柳，而是每天起早贪黑，练兵习武，研读兵法。由于他一心钻研习武及读书之中，在宫中常常忘了开饭的时间。

每逢这时，他常常是吃点剩饭，再去学习，或边吃饭边读书。汉武帝见他如此刻苦、俭朴，常常在别人面前夸他将来是国家"栋梁之材"。

霍去病18岁那年，就率领八百骑兵初战匈奴，歼灭了敌人千余人，大获全胜，还活捉了匈奴国王的叔父。消息传到长安，汉武帝万分高兴，破格赐封霍去病为冠军侯。

霍去病立功升官后，没有居功自傲，他总是不忘节俭，处处与兵士同甘共苦。一次，霍去病又率领大军奔赴前线，临战前，汉武帝为了表达自己祝霍去病取胜的心愿，派人由长安远道为霍去病送去了两坛上等的好酒。霍去病见到酒后，首先想到的是士兵，他认为：征战沙场的士兵最应该慰劳，我们做将领的绝不能搞什么特殊化。他当即命令："将酒分给全军士兵，和大家共享美味。"可是，酒仅有两坛，全军将士怎么分才合适呢？有人劝霍去病说："这回酒太少，大人就破例自己独享了吧！"可是霍去病依然不肯，他考虑再三，最后终于想出了个分酒的好办法。

一天，霍去病把全军将士召集到一个清泉周围，待将士们坐好后，霍去病将两坛美酒倾坛倒入泉水中，然后下令让大家马上汲取泉水共饮，以此来分享美酒。清泉旁，将士们手捧酒碗，互敬互让，一时间全军上上下下都沉浸在一片热烈气氛之中。大家在分享美酒的同时，又都为霍将军爱兵如子、廉洁自爱的美好品德所感动。

当时是匈奴和西汉两大势力从和亲到大动干戈的转折时期，在这一时期，霍去病等汉将对匈奴的讨伐，不仅有效地保护了汉朝的疆土，解除了长期以来匈奴对汉朝的威胁，对保障中原地区的安定和发展，也立下了不小的功劳。由于霍去病屡战沙场，战功显赫，汉武帝一次次晋升他的官职，最后提升他为大司马。汉武帝见霍去病的住宅很一般，又特意下令在长安为他营造了一所豪华精美的府邸。

府邸建造得富丽堂皇，其中亭台楼榭应有尽有，满园建筑在奇花异草衬托下，显得格调异常高雅。汉武帝满以为这下霍去病该喜出望外了，但霍去病神情严肃地对武帝说："陛下，您对我的恩赐，霍去病领了，但是这所豪华的府邸微臣却不能要。现在匈奴虽暂时被击退，但他们并未彻底被消灭。在这种情况下，我怎能忘记国家大业，而追求个人的安逸呢？"说完，他一再拜谢汉武帝，希望武帝能理解他，武帝见霍去病态度如此坚决，也不再提赐宅的事情了。

人 生 智 慧

◇礼义备而君子归之。

◇君若无礼，则好礼者去，无礼者至。

◇君若好礼，则有礼者至，无礼者去。

礼法即立，恪守其礼

【聊天实录】

我：晏老先生，您对恪守礼法有何高见？

晏子：我曾在《晏子春秋》提到：所立于下者不废于上，所禁于民者不行于身。……守于民财，无亏之以利；立于仪法，不犯之以邪。苟所求于民，不以身害之，故下之劝从其教也。

我：您这句话该如何解释呢？

晏子：这句话的意思就是：要求下面做到的，自己一定先做到；禁止人们做的，自己一定不去做。保护民众的财产，自己不要因私利而损害他们；立下了法律礼仪，自己不要以邪僻行为去触犯。如果有求于民众，也绝不是因为自己的私欲损害民众利益，所以，下面的人才会努力听从接受上面的教导。

我：您的意思是说：人之为人，在于自觉承担社会和家庭责任，动之以真情、晓之以理义，并以诚挚的礼仪来沟通自己与外面世界的关系，使之达到和谐、自由的理想境界。

晏子：是的，你说得很对。为政之道，很讲究为政者的自我表率作用，强调树立榜样典范的作用。

【解读】 ～ 礼法既立，率先垂范 ～

三国时的曹操曾被人称为"治国之能臣，乱世之奸雄"，古往今来褒贬不一。他在治国治军方面深得将士尊重，因为他深谙管理之道，正人先正己，以身作则，曹操割发代首的典故就很好地说明了曹操正人先正己、自己以身作则的领导美德。

有一次曹操带兵出征打仗，行军途中看到麦田里成熟的麦子，于是下令："有擅入麦田，践踏庄稼者，斩！"可是命令刚下达，一群小鸟忽然从田间惊起，从曹操马前飞过，那马不由一惊，一声长嘶，径直冲进麦田，将成熟的麦子踩倒一大片。曹操非常心痛，马上拔出佩剑就要自刎，众将慌忙抱住他的手臂，大呼："丞相，不可！"曹操仰面长叹："我才颁布了命令，如果自己制订的法令自己不能遵守，还怎么用它约束部下呢？"说完执意又要自刎，众将以"军中不可无帅"力劝曹操不可自刎。这时，曹操便拉过自己的头发，用剑割下一缕，高高举起："我因误人麦田，罪当斩首，只因军中无帅，特以发代首，如再有违者，如同此发。"这样一来，全军上下，人人都小心翼翼起来。骑兵甚至害怕因马匹一时失蹄狂奔乱窜而丢了性命，也都纷纷下马，用手牵着马走。队伍就这样在麦田边缓缓地向前移动着，无一践踏庄稼者。

这时正忙于收割麦子的百姓们见状，都纷纷称赞曹军："老天保佑你打胜仗！老天保佑曹将军！"见状，曹操心里的兴奋之情不亚于打了一个大胜仗。

领导的"导"有引导、表率的含义，领导者若能身体力行，做出表率作用，则不用严刑苛责。下边的人也能各行其是，无为而治，境内也没有作奸犯科之人。如果为官之人作风不正，则虽有政令却无人遵守，如同空文。

不仅是历史名人能够以身作则，著名的企业经营者土光敏夫身先示范、以身作则，几十年如一日，从来没有改变过。

日本东芝电器公司是当今世界上屈指可数的名牌公司之一，但是，二十多年前，东芝电器公司因经营方针出现重大失误，负债累累，濒临倒闭。在这个生死关头，东芝公司把目光盯在日本石川岛造船厂总经理土光敏夫的身上，希冀能借助土光敏夫的"神力"，力挽狂澜，把公司带出死亡的港湾，扬帆远航。

土光敏夫就任东芝电气公司所"烧"的第一把"火"，是唤起东芝公司全体员工的士气，想方设法把每一个人的潜力都发挥出来。

土光敏夫还大力提倡敬业精神，号召全体员工为公司无私奉献。土光敏夫的办公室有一条横幅："每个瞬间，都要集中你的全部力量工作"。土光敏夫以此为座右铭，每天第一个走进办公室，最后一个走出办公室，几十年如一日。从未请过假，从未迟到过。一直到80高龄的时候，他还与老伴一起住在一间简朴的小木屋中。

如今，日本东芝电气公司已经跻身世界著名企业的行列，它与石川岛造船公司同被列入世界100家大企业之中，这与土光敏夫以身作则的管理制度是分不开的。

土光敏夫的一句名言是："上级全力以赴地工作就是对下级的教育，职工三倍努力，领导就要十倍努力。"人是企业之本，是公司的重要资源。实现公司目标要靠全体人员的干劲和智慧。领导如何以身作则，实行人力科学管理对企业的生存和发展具有重要意义。

在我国的一些企业中，虽然也有不少的企业规章制度，但这些制度似乎只是对付普通员工的。对管理者，尤其是中、高层次的管理者，这些规章制度对他们约束力就少，少数管理者似乎只有监督下级执行规章制度的责任，而没有自己执行规章制度的义务。同时，即使在执行规章制度的过程中，也往往对"疏离者"严，而对亲近者宽，人情干扰了这些管理者的执法，由此，在这些企业中就出现了一批享有法外特权的管理者。这样的管理很难使规章制度落到实处、起到作用，影响了企业的生存和发展。

领导者要下属积极地投入工作中，首先自己要有这份热情。不要把私人事情夹在公事中，要永远保持愉快的笑容，这才是领导者的形象。经常愁眉苦脸或者在工作中跷高双腿看报纸杂志的领导者，是经不起时间考验的。

遇到下属迟到的问题，在责备其上班不准时的时候，先要想想自己是否做到了按时上班了。自己都没有做到的事情是无权要求别人做到的，这会引起下属的不满和不信任。如果遇到下属迟到，有一些微妙的方法可以在无形中改善这种情况。等迟到的下属上班，跟对方打个招呼后，有意无意地看看手表，如果对方仍无反应的话，也就别再追问。等待他再一次迟到，又与上次的情况一样的话，不妨问他是否居住得很远，然后建议他早些起床。整个过程，勿忘保持友善的笑容，而且声音不要太大，仅对方能听到就可以了，免得他在同事面前感到尴尬，而产生仇恨感。

恪守其礼，人人相安

清代学者陆陇其，原名龙其，字稼书，浙江平湖人，是康熙九年的进士。他先后担任过浙江嘉定和河北灵寿的知县，为官清廉，不仅受到士子百姓的赞颂，也常受到朝廷的表彰。陆陇其做县令时，提倡节俭朴素，以德行教化百姓。如果遇到父亲告儿子不孝，陆陇其不用威势压人，而是晓之以理，动之以情，往往声泪俱下，劝说其子尽孝，到最后，儿子常常真心悔改，将父亲带回家中，尽孝侍奉。遇有兄弟之间争讼打官司，陆陇其常调查出指使打官司者，加以杖责，对兄弟则施以教育，兄弟之间常常能够和好如初。

陆陇其清廉公正，为官很有政绩，这与他十分注意言传身教是分不开的。他任灵寿县令的时候，有一次有个老太太控告她的儿子忤逆不孝，陆陇其立刻叫人把老太太的儿子叫到跟前，一看原来这个儿子还未成年，便对老太太说："我官衙中正好缺少个小童，你儿子就暂时留在这里当差，等到有人来接替，我再好好地教育他。"

于是，陆陇其让那少年跟随在自己左右，形影不离。陆陇其有个习惯，就是每天起床后，都毕恭毕敬地站在母亲的房外，等到母亲一起床，便立即递上洗漱用具，然后再送上早餐。待到吃中饭时，陆陇其侍候在桌旁，给母亲送上好吃的食物，而且总是面带笑容，等到母亲吃饱后，自己才去吃饭。母亲只要有哪里不舒服，陆陇其就更加悉心地加以照料，称药量水，服侍在侧，有时几夜不睡觉也毫无倦意，毫不懈怠，就这样过了几个月。

一天，那少年突然在陆陇其面前跪下，请求放他回自己家去。

那少年哭着回答："小人一向不懂得礼节，所以得罪了母亲，现在亲眼看到大人所做的一切，因而感到后悔不已。回去以后我一定痛改前非，尽心侍奉我的母亲!"

当时，如果父母死时依旧当官的，被视为大不孝，不但会受到人们的唾骂，而且会受到弹劾罢官的处分。而朝廷如有特别原因，强行要求本因辞官服丧的人回朝做官，则叫"夺情"或"夺情起复"。明朝改革家张居正的父亲去世，理应丁忧三年，但他担心丁忧期间，朝政被政敌控制，于是指使亲信给自己开出了"夺情"圣旨，为此，张居正遭到朝野清流的抨击。

不管我们是什么身份，官员、儿子或是其他，只有恪守自己所应该恪守的礼，才会相安无事，对朋友也是一样。

阿拉伯有句谚语说："脚步踩滑总比说溜了嘴来得安全。"不论多亲密的朋友，还是必须有所节制，才不至于坏了交情。在与朋友的交往过程中，我们总会发现朋友偶尔犯下这样或那样的错误，那么此时我们应当怎样让朋友接受你的意见而不至于把关系闹僵呢？这正是我们一展自己的社交才能的时刻，也是对自己自身素质的一种考验。

明代洪应明说过："攻人之恶，毋太严，要思其堪受；教人以善，毋过高，当使其可以。"意思是说，对待他人的错误，不应当以攻击为能事，方法更不能粗暴，不能刺伤朋友的自尊心。如果自尊心受到伤害，即使我们说的和做的千真万确，别人也不能心甘情愿地接受，又怎么能达到改过的目的呢？此时展现你的论辩才能就非常重要了。

指责他人之过，需要稍做保留，不要直接地攻讦，最好采用委婉暗示的语言，使对方自然地领悟，过激的言辞很可能会断送友谊。因此，责人过严的话最好不要说，要说的话，也必须改变语气。总而言之，这其中技巧运用的如何，也正是你社交能力与自身素质高低的一种体现。

不论是多么亲密的朋友，交谈的措辞都不可疏忽，因为谨慎言辞就是一种礼仪的表现方式。朋友关系亲密时就容易不拘小节，不拘小节就容易闹矛盾，甚至危及彼此的交情。许多青年人交友处世常常涉入这样一个误区：好朋友之间无须讲究礼仪。他们认为，好朋友彼此熟悉了解，亲密信赖，如兄如弟，财物不分，有福共享，讲究礼仪太拘束也太外道了。其实，他们没有意识到，朋友关系的存续是以相互尊重为前提的，容不得半点强求、干涉和控制。彼此之间，情趣相投、脾气对味则合、则交，反之，则离、则绝。朋友之间再熟悉、再亲密，也不能随便过头，不讲礼仪，这样，默契和平衡将被打破，友好关系将不复存在。要想与朋友维持良好关系，我们就一定要注意改正说话过程中的一些小错误，才能与朋友融洽相处，获得友情。因此我们要注意，对好朋友也要讲礼仪，只有尊重朋友，才能让友谊长久。

和谐深沉的交往，需要充沛的感情为纽带，这种感情不是矫揉造作的，而是真诚的自然流露。中国素称礼仪之邦，用礼仪来维护和表达感情是人之常情。朋友再亲密也不能忘了以礼相交，千万不要因为趣味相投就陷于松懈或粗心大意，不能彼此尊重的友情只会给双方带来伤害。礼仪并没有特定的界限，但在和朋友长期交往之中，随时注意恪守礼仪与自我节制却是很重要的，一旦逾越了礼仪或失去节制，我们也就失去了朋友。

人生智慧

◇管理之道，正人先正己，以身作则。

◇脚步踩滑总比说溜了嘴来得安全。

◇攻人之恶，毋太严，要思其堪受；教人以善，毋过高，当使其可以。

不同场所，不同礼仪

【聊天实录】

我：晏老先生，您对礼仪因地而异有何高见？

晏子：我曾在《晏子春秋》提到：君子无礼，是庶人也；庶人无礼，是禽兽也。夫勇多则弑其君，力多则杀其长，然而不敢者，维礼之谓也。礼者，所以御民也；辔者，所以御马也。无礼而能治国家者，婴未之闻也。

我：您这句话该如何解释呢？

晏子：这句话的意思就是：君子如果不讲礼仪，就变成了普通人；普通人如果不讲礼仪，就成了禽兽。勇猛的人可以杀死君王，力气大的儿子可以杀死他的父亲，然而他们不敢这样做，只是因为有礼仪约束着。礼仪，这是用来统治管理民众的；辔头缰绳，这是用来驾驭马匹的。没有礼仪而能治理国家，我从未听说过。

我：您的意思是说：在不同的场合，对待不同的人应该用适合那个场合、那种人的不同的语言和礼仪，这样才能在人际关系中游刃有余。

晏子：是的，你说得很对。礼仪因时因地而异。

【解读】　　　　　礼仪应该入乡随俗

1921年初秋时节，中共早期农民运动主要领导人之一的彭湃戴着一顶"白通帽"，穿着一身白斜纹的学生服和一双胶底鞋，到一个村子去开展农民运动。但是农民看到他这副模样，以为他是来勒税的官儿，都远远避开他。

彭湃检讨反思后，改穿旧粗布衣服，戴着小斗笠，赤着脚，拿着一支旱烟筒，装扮和农民一模一样，然后进行宣传，效果大不一样，在彭湃的努力下，农民被发动起来，终于在1923年元旦成立了拥有一万人的"海丰县总农会"。

俗话说"入乡随俗"，"到什么山唱什么歌"。不管是教育，还是宣传，必须看对象，要针对不同对象，采取相应的方式、仪态。彭湃对农民的宣传，由不信任到信任，实际上经历了一个复杂的教育和宣传的过程.

当今社会人际关系更加复杂，如何在各种场合、对不同的人用正确的仪态来对待，不仅能显示你的修养，赢得好人缘，更能让你获得更辉煌的成就。礼仪的表现很多时候体现在言语表达上，我们可以从以下几个角度来选择适合的礼仪：

看性别：性别不同，对礼仪表现的接受也有差别。俄罗斯有一句谚语说："男人靠眼睛来爱，女人靠耳朵来爱。"这就指出性别对于语言接受是有影响的。无论是言辞涉及的内容，还是言辞表达的程度、声调都如此。

在现实生活的社交场合、会议间隙、公益活动中，人们在礼节性的互致问候之后，往往喜欢三个一群、五个一伙地聚在一起交谈。而这三个、五个的，又总是按性别组合——男士与男士侃，女士与女士谈。我们注意到这样一个情况：男士的话题大而广，女士的话题小而狭。一般说来，男士爱谈的是时事、政治、法律、体育、文化、社会问题、经济动向等，而女士爱谈的则是孩子、丈夫、日常经济、消费心得、风流艳闻等。说话者必须依据性别选择说话内容，努力使自己的言辞仪态吻合接受者性别的需求。

看教养：教养是指接受对象的一般文化和品德水准，包括文化程度、知识积累、生活阅历、涵养气度等。教养层次不同，对说话者言辞的接受程度也不同。有些话说出来，甲听得懂，理解得了，乙就可能听不懂，理解不了，像作家丁玲的小说《太阳照在桑干河上》中的人物——工作组组长文采的演讲，就是没有区分接受对象的教养层次和实际需求，而致使"言者谆谆，听者藐藐"。所以，说话者在进行言辞表达时，要认清自己的接受对象教养层次如何，盲目表达不仅达不到说话的目的，甚至会弄巧成拙，贻笑大方。在现实交往中，从我国现阶段国情看，对接受对象教养的认识，更多的还是文化程度不高、知识欠丰富者。说话者面对这样的接受对象，或一时间不能确定其教养程度时，所表达的言辞应力求通俗化、大众化，那种故作深沉的做法是不可取的。

随着社交范围不断扩大，我们的交际对象也将会有不同国家、不同民族、不同地区、不同阶层的人，要适应交际的广泛性，就要考虑不同文化背景下说话的特点，使我们说出来的话与特定的文化背景协调一致。拿交际场合的称呼语来说，受文化背景的制约就十分明显。各民在长期的社会发展中，形成了各自的称呼习惯，能使交际对象产生良好的心理效应。如英美人习惯称已婚妇女为"夫人"，未婚女子为"小姐"，在比较严肃的场合，一般统称为"女士"。如果错称已婚者为"小姐"，在比较严肃的场合一般会被谅解，因为西方女性认为这是一个"令人愉快的错误"。但是，在日本妇女一般不称"女士"、"小姐"，而称"先生"，如"中岛京子先生"。

　　1954年，周恩来总理出席日内瓦国际会议，为了向外国人宣传中国人爱好和平。决定为外国记者举行电影招待会，放映越剧艺术片《梁山伯与祝英台》，为此，工作人员专门准备了一份厚达16页的说明书。周总理看了后批评说："不看对象，对牛弹琴。"后来，周总理建议说："你只要在请柬上写一句话：请你欣赏一部彩色歌剧电影，中国的《罗密欧与朱丽叶》。"这一句话果然奏效，赢得了外国朋友的赞赏。

因人用礼，品步青云

　　一天，一位穷朋友从乡下来到京城皇宫门前求见明太祖。朱元璋听说是以前的老朋友，非常高兴，马上传他进殿。谁知这位穷朋友一见朱元璋端坐在宝座上，昔日的容颜似乎没有多大变化，便忘乎所以地直通通地说："我主万岁！您还记得我吗？从前你我都替人家放牛，有一天我们在芦花荡里把偷来的豆子放在瓦罐里清煮，还没等煮熟，大家就抢着吃，甚至把罐子都打破了，撒了一地的豆子，汤也都泼在泥地上。你只顾满地抓豆子吃，不小心连红草叶子也送进嘴里，叶子哽在喉咙里，苦得你哭笑不得，还是我出的主意，叫你用青菜叶子吞下去，才把红草叶子带下肚里去……"还没等他说完，朱元璋早就听得不耐烦了，嫌弃这个孩提时的朋友太不顾体面，于是大怒道："推出去斩了！推出去斩了！"

　　后来，这件事让另外一个穷朋友知道了，心想这个老兄也太莽撞了，于是，他心生一计，信心十足地去见他小时候的朋友，当朝的皇帝。

这个穷朋友来到京城求见朱元璋，行过大礼，便说："我皇万岁万万岁！当年微臣随驾扫荡芦州府，打破罐州城，汤元帅在逃，拿住了豆将军，红孩儿挡关，多亏了菜将军。"朱元璋一听，不禁大笑，他认出了眼前的这个是孩提时的朋友，心中更为此人巧妙地暗示他们小时候在一起玩耍的事而高兴，于是让他做了御林军总管，留在了自己的身边。

这个故事中，前者因为没有注意到朱元璋身份的变化，而仅仅用孩提时的那种礼对待现今的皇帝，终遭杀身之祸；后者懂得因人用礼，既表达了自己的意思，又能得到了皇帝的赏识，可谓平步青云，一举两得。

人生智慧

◇到什么山唱什么歌。

◇性别不同，对礼仪表现的接受也有差别。

◇因人用礼，品步青云。

第一章

晏子与我聊职场管理之道

　　"重民爱民，薄赋省刑"，晏子总结了历史上王朝兴衰的经验教训，比较清醒地认识到政权的巩固离不开人民群众的支持，失去了民众的支持，国家政权将一事无成，乃至倾覆灭亡。而对于企业来说，如果失去了员工，那么这个企业也就走向了毁灭。

指挥"独裁"，掌握大权

我：晏老先生，您对掌握大权有何高见？

晏子：我曾在《晏子春秋》提到：明君莅国立政，不损禄，不益刑，又不以私恚害公法，不为禽兽伤人民，不为草木伤禽兽，不为野草伤禾苗……勇士不以众强凌孤独，明惠之君不拂是，以行其所欲。

我：您这句话该如何解释呢？

晏子：这句话的意思就是：英明的君主在治理国家、策立政令时，不轻易减降俸禄，不随意加重刑罚，不以私怨破坏公法，不为禽兽伤害百姓，不为草木伤害禽兽，不为野草伤害禾苗。……勇士从来不倚仗人多力强而欺凌弱小孤单的人，明智的君主也不应违背正确原则而随心所欲。

我：您的意思是说：企业的领导者就像是一个国家的君主一样，要在不违背正确原则的时候，做出度员工有利的指示，为企业带来收益。

晏子：是的，你说得很对。当机立断，掌握大权。

【解读】　　　懂得指挥，掌握大权

李嘉诚曾经这样给自己定位："我是杂牌军总司令，我拿机枪比不上机枪手，发射炮弹比不上炮手，但是总司令懂得指挥就行。"

首先，总指挥要抓的是财权。

钱是企业的命脉，高层领导必须清楚地掌控资金的大方向，并且在关键时刻能够自由调动，而那些财务细节我们完全可以让财务总监去管理。

华为老总任正非以低调朴素著称，他总是穿着发皱的衬衣在深南大道上锻炼，所以经常被人误认为是老工人，他还开过很长时间的10万元处理车，后来还是在别人的一再劝说下，他才买了一辆好一点车。

这个时候有人也许会想，这样"抠门"的一个人抓华为的钱袋，肯定让华为人没有好日子了，事实恰恰相反，任正非调动上亿资金时眼都不眨一下。

1996年，华为在研发上投入了1亿多元资金，年终结算后却发现自己节约了几千万。任正非知道后说了一句话："不许留下、全部用完！开发部只好将开发设备全部更新了一遍。

任正非甚至提出"不敢花钱的干部不是好干部"，"花不了的要扣工资"等理念。

其次，总指挥必须抓人事任免权。

人事任免涉及非常重要的人事调动和安排。

诸葛亮曾说："夫兵权者，是三军之司令，主将之威势……若将失权，不操其势，亦如鱼龙脱丁江湖，欲求游洋之势，奔涛戏浪，何可得也。"

其意思是：兵权就是将帅统率三军的权力，如果失去了这个权力，就好像鱼、龙离开了江河湖海，想在海洋中自由遨游，在浪涛中奔驰嬉戏，那是不可能的。

这段话一针见血地指出了兵权对于将领的重要性，一员将领假如失去了兵权，任凭其多么具有雄韬伟略，也只能毫无作为。

1996年，本田City在亚洲地区上市，深受年轻人的追捧，很快便成为销售量增长最快的车型系列。但是消费者们肯定没猜到，这款车型是本田公司第三任社长久米扛住巨大压力争取到的。当他制订出战略计划之后，亲自选定了开发小组的成员。让董事会吃惊的是，这些成员都是20多岁的年轻人，部分人甚至没有从事重大项目的经验。

有些董事担心地说："都交给这帮年轻人，没问题吧？"

"会不会弄出稀奇古怪的车来呢？"

久米对此根本不予理会，他既然坐在社长的位置上，就能充分行使自己的大权，并充满信心。不久之后，凝聚了一群年轻人智慧的本田City华丽出场了，该车车型高挑，打破了汽车必须呈流线型的常规，一上市就受到了年轻人的青睐而大行其道。

久米用事实证明了自己的眼光，也捍卫了自己的大权。

总指挥必须抓在手里的第三项权力是最终决策权，也就是对重要决策的拍板权力。

管理者经常会遇到这种情况：新的意见和想法一经提出，定会有反对者，其中有对新意见不甚了解的人，也有为反对而反对的人。

在一片反对声中，领导者犹如鹤立鸡群，陷于孤立之境。

这个时候，领导者不要害怕孤立，对于不了解的人，要怀着热忱，耐心地向他说明道理，使反对者变成赞成者；对于为反对而反对的人，任我们怎么说，恐怕他们也不会接受，那么，就不要寄希望于他的赞同，只要我们的提议和决策是对的，只要真理在握，就应坚决地贯彻下去。

美国总统林肯上任后不久将六个幕僚召集在一起开会，讨论其提出的一个重要法案。幕僚们的看法不统一，七个人激烈地争论起来。在最后决策的时候，六个幕僚一致反对林肯的意见，但林肯仍固执己见，他说："虽然只有我一个人赞成但我仍要宣布，这个法案通过了。"

表面上看，林肯这种忽视多数人意见的做法似乎过于独断专行，但其实，林肯已经仔细地了解了其他六个人的看法并经过深思熟虑，认定自己的方案最为合理。

而其他六个人持反对意见，只是因为条件反射，有的人甚至在人云亦云，根本就没有认真考虑过这个方案。

既然如此，林肯自然应该力排众议，坚持己见。决断，是不能由多数人来做出的；多数人的意见虽然要听，但做出决断的，只能是一人。作为掌握企业大权的高层领导，既要"厚德载物，以理服人"，也得做到"该出手时就出手"，当机立断，掌握大权，没有强势的姿态就做不成事情。

最后，总指挥还要保证自己的知情权。

即使某些时候不参与决策，把权力交给其他人，我们对所做的决策也应该详细了解。在决断之际，企业的最高领导人是孤独的。人在高处，有时候我们就是需要坚决地做出选择，勇敢地对下属说"不"！这不仅牵涉到我们的尊严，还体现着公司的一贯原则与处事风格。

～ 提高企业领导的决断力 ～

什么是企业领导的决断力？

企业领导的决断力是指企业领导者决策者快速判断、快速反应、快速决策、快速行动及快速修正的综合能力，它是企业领导力的主要组成部分，具有以下几方面的含义。

1.决断力具有攻击性

具有决断力的企业领导者决策者往往具有明显的攻击性。

深圳彩电峰会以后，长虹沉默了半年，但一进入新世纪它就突然发力，主动出击了。长虹在今年元月初一下子向市场推出了10万台精显彩电，令消费者眼界大开，让同行们措手不及。

原来在沉默的半年里，长虹埋首在精显彩电的IC芯片的自主开发生产上！

我们不会忘记，整个2000年，各家彩电厂纷纷抢市场，上规模。谁知市场无情，到了年底彩电行业首次出现产销的负增长。此时长虹新上任挂帅的赵勇并没有沿袭垄断彩管、扩大规模的老路，而是及时决断，掉转方向，以数字技术为攻击目标，果敢地发动了一场彩电行业的精显革命，实现了由被动防御到主动进攻的战略转移，这显示了他攻击性很强的决断力和良好的领导者素质。

2. 决断力具有快速性

企业领导决断力的最明显特征是它的快速性。

海尔跨行业做彩电时，如果自己从研发开始一步一步发展下去，可能要四五年的时间才能上规模出效益。如果走兼并重组之路，也许只要一二年的时间。经过周密的市场调研，海尔发现安徽合肥市有一个颇具规模的彩电厂，且已破产。难能可贵的是当地政府非常开明，"不求所有，但求所在"。于是双方一拍即合，海尔成功地兼并了这家安徽最大的电子企业，在合肥建成了该公司在国内最大的工业园，现在的海尔彩电已是家喻户晓了。

3. 决断力具有实战性，决断力更重要的是体现在快速行动上

2000年3月，海尔在美国南卡州设立了自己的工厂，并把营销中心放在纽约，设计中心放在洛杉矶，以通过在当地进行融资、融智、融文化，而力争形成本土化的美国名牌。如果海尔只是在那里空喊"走出去"的发展战略，总待在国内半步不动，那么海尔永远也走不出去。

4. 决断力具有灵活性

进入新世纪，企业的决断频次增加了，决断难度也增大了。企业管理环境不同，企业领导者决断的方式也就不同。

海尔的张瑞敏认为：要在美国做投资决断，首先要把在国内成功的经验统统放在一边，如果照搬在国内的经验就什么事也不会干了。因地制宜要求每一个决断都是不同的，都是全新的。其次是决断要随时修正，一旦证明决断错了就要及时进行修正。决断的灵活性体现在它的创造性方面，企业的决策者要敢于探索，敢于冒一定的风险。善于创新的决策者总是视变革为机遇。

5. 决断力具有复合性

决断力是一种合力，它主要由企业领导者决策者的魄力、洞察力、分析能力、直觉能力、创新能力、行动能力和意志力等分力复合而成。美国通用电气公司总裁杰克·韦尔奇把决断力看成是"面对困难处境勇于做出果断决定的能力"，是"始终如一执行的能力"。

6. 决断力具有关键性

决断力是企业领导力的一部分，是关键的一部分。企业领导力包括决断力、影响力、激发力、凝聚力等多个分力，其中决断力最为关键，因为一旦决断有误，一个企业再有凝聚力是没有什么益处。

那么该如何提高企业领导的决断力呢？

1. 决断前做好五个问答，可有效减少决断的失误

一是要问要做"何事"即"What"，这个问题回答好了，决断的目标也就清楚了。二是要问"为何"即"Why"，这个问题回答好了，决断的方向、决断的目的、决断的价值才能显现出来。三是要问"何人"即"Who"，这个问题回答好了，应该由谁来决断就明确了。并且我们还要明确由谁决断，由谁负责，由谁执行，由谁监督。四是要问"何时"即"When"，这个问题回答好了，就能强化决断的时效性，决断的质量与决断的时机是密切相关的。五是要问"何处"即"Where，这个问题回答好了，就能进一步界定决断的环境，决断的地点。

2. 决断时要考虑五个因素，以全面提高决断的质量

一是要考虑风险（Risk），即决断实施之后的各种不利因素，或各种副作用，要制订相应的对策。

二是要考虑对手（Rival）。要知道在决断时，我们的竞争对手也在决断。所谓知己知彼，考虑对手的决断、善于双赢，才能确保企业立于不败之地。

三是要考虑关系（Relafion）。每一个决断都不是孤立的，它牵扯到方方面面的利益关系和人际关系，只有理顺关系，决断才能成为现实。

四是要考虑报酬（Reward），这是激励实干者、提高决断力的一个极为重要的途径。

五是要考虑结果（Result）。为什么要做这个决断？这个决断实施后能够带来什么结果？值不值得做这个决断？企业的领导者决策者在决断时要强调务实和效益，要结果导向，不能只考虑动机愿望，只制订目标计划。

考虑了五个因素（5个R），企业的领导者决策者的决断就有了系统性、预

见性，就有了可操作性和现实性。

3. 决断时要打开选择的空间

中国加入WTO以后，企业的任何决断都要扩大空间，扩大配置资源的半径。比如，所在企业缺少一位管理人员，我们不仅可以在本企业内部挑选，也可以在国内其他企业里挑选，甚至可以在国外挑选。

著名的美国通用电气公司在做好传统家电和照明产品的基础上，在飞机发动机、医疗器械、塑料、工业设备等领域也业绩骄人，其发展思路越拓越宽，近年来，广播公司、金融服务和电子商务的收入已成了通用的主要财源。

由此看到打开选择空间需要创新的观念和开阔思维。决断的质量与选择的空间是正相关的，选择的空间越大，决断的质量则越高，反之，选择的空间越小，决断的质量则越低。

4. 决断时要排出标准的顺序

决断重在选择，而选择是有标准的。现代企业的任何决断都不可能是单标准的选择，而要考虑经济的标准、社会的标准、环境的标准等多个标准。标准多了就有一个排序的问题，我们需按照重要性排出哪个是第一标准，哪个是第二标准，哪个是一般标准。在决断时我们要兼顾则兼顾多个标准，但多个标准有冲突时就要首先考虑第一标准，其次是第二标准，最后是一般的标准。

5. 决断时要借助"外脑"

现在知识经济时代，只依靠决断者的头脑已不够用，借助"外脑"已是大势所趋。

所谓"外脑"，可以是本企业本系统的专业技术人员，也可以是企业外部的专家学者；可以是企业的管理人员，也可以是企业的普通员工；可以是顾客，也可以是供应商。总之，只要他对决断的问题熟悉，有自己独到的见解，就可以成为"外脑"。

一般说来，充当"外脑"的人数多一些为好，多了就有代表性，这有利于从多个方面多个层面开拓"内脑"的思路，提高决断的质量，借助"外脑"的智力可以有效地提高企业领导者决策者的决断力。

人生智慧

◇当机立断，掌握大权。

◇提高企业领导的决断力。

◇决断时要借助"外脑"。

心态归零，有效管理

【聊天实录】

我：晏老先生，您对心态归零有何高见？

晏子：我曾在《晏子春秋》提到：君子如美渊泽，容之，众人归之，如鱼有依，极其游泳之乐。若渊泽决竭，其鱼动流。

我：您这句话该如何解释呢？

晏子：这句话的意思就是：君子如同美好的渊潭湖泽，心胸宽广，所以大家都会归附他，就像鱼见渊泽而有所依靠一样，可以尽情游泳欢乐。如果渊潭湖泽决堤水竭，鱼就会都随流水而走了。

我：您的意思是说：领导者只有自己经常心态归零，做一个像君子一样的人，才能让大家都喜欢和依靠他，才能使得企业发展壮大。

晏子：是的，你说得很对。心态归零，从头开始。

【解读】　　　　从头开始，创造辉煌

当年由于独断专行，乔布斯戏剧性地被其一手创办的苹果电脑炒了鱿鱼，他一怒之下，卖掉了手中所有的苹果公司股票，并发誓要做一番比苹果更大的事业，那个更伟大的事业，就是"皮克斯"。

1995年末，《玩具总动员》这部世界首部全电脑制作电影获得了三亿五千万的票房，这让乔布斯成为了亿万富翁，也让导演约翰·拉塞特获得了奥斯卡特殊成就奖。从此，乔布斯成为了电影业最有影响力的人，他一手缔造的娱乐帝国正在走向权利的巅峰。

最好的改变态度是归零，让一切从头开始。我们的改变速度和效率将会有惊人的突破，将能在最短的时间内吸收更多的全新知识、发展更高技能并迅速建立人脉。

哈佛大学校长来北京大学访问的时候，讲了一段自己的亲身经历。

有一年，校长向学校请了三个月的假，然后告诉自己的家人，不要问我去什么地方，我每个星期都会给家里打个电话，报个平安。

校长只身一人，去了美国南部的农村，尝试过另一种全新的生活。他到农场去打工，去饭店刷盘子。在田地做工时，他常背着老板躲在角落里抽烟，或和工友偷懒聊天，这让他有了一种前所未有的愉悦。

最有趣的是最后他在一家餐厅找到一份刷盘子的工作，干了四个小时后，老板把他叫来，跟他结账。老板对他说："可怜的老头，你刷盘子太慢了，所以被解雇了。"

"可怜的老头"重新回到哈佛，回到自己熟悉的工作环境后，觉得以往再熟悉不过的东西都变得新鲜有趣起来，工作成为一种全新的享受。

这三个月的经历，像一个淘气的孩子搞的一次恶作剧一样，新鲜而刺激，更重要的是，回到原始状态以后的生活，就如同儿童眼里的世界，一切都充满乐趣，会让人不自觉地清理心中积攒多年的"垃圾"。

企业家也是这样的，需要用空杯的心态重新去整理自己的智慧，去吸收现在的、别人正确的、优秀的东西。企业有企业的文化，有企业发展的思路，有自身管理的方法，只要是正确的，合理的，我们就必须去领悟，去感受。我们要把自己融入企业之中，融入到团队之中，否则，我们永远都是企业的局外人。

为什么第一次成功相对比较容易，第二次却不容易了？原因是我们不能归零。

长安集团的总裁，在接受中央电视台《东方之子》栏目采访的时候说了一句话：往往一个企业的失败，是因为它曾经的成功，过去成功的理由是今天失败的原因。任何事物发展的客观规律都是波浪式前进，螺旋式上升，周期性变化。

中国女排在夺得第三届世界女排冠军后，袁伟民教练告诫队员们："一切从零开始，把冠军丢到脑后重新研究战术，研究打法。"正是这种归零的心态使女排取得了五连冠的殊荣。乒乓球被誉为中国国球，其长盛不衰的关键是教练和队员们能将心态及时"归零"。将过去归零可以不受固有的环境影响和思维的束缚，使我们工作起来可以更大胆、更放手、更容易创新。

海尔集团首席执行官张瑞敏说："我们主张产品零库存，同样主张成功零库存。"只有把成功忘掉，才能面对新的挑战。海尔的年销售额达数百亿元，但张瑞敏从未有一丝飘飘然的感觉。相反，他时时处处向员工灌输危机意识，要求大家面对成功时要始终保持一种如履薄冰的谨慎。

成功仅代表过去，如果一个人沉迷于以往成功的回忆，那他就再也不会进步。对于有远大志向的追求者来说，成功永远在下一次。保持"归零"心态，才能不断发展创造新的辉煌。人们问球王贝利他的哪一次进球是最精彩、最漂亮的，他的回答永远是"下一个"！

改变自己，改变他人

有位哲人说得好："既然现实无法改变，那么只有改变自己。"改变自就是调整好自己的心态。

那么，我们如何调整好自己的心态？

认真才能保证品质，工作中有工作品质，人际关系有人际关系品质，做的每一件事情都有品质，而品质只有一样东西可以保证，那就是认真的程度。

美国前国务卿基辛格博士，非常注重培养下属认真做事、保证品质的习惯。有一次，他的助理将一份写好的计划交给他，并询问他对该计划的意见。基辛格面带微笑地问道："这是你能做的最好的计划吗？"助理犹豫了一下回答说："我相信再做一些细节改进，一定会更好。"

两周后，助理再次递上了自己的成果，基辛格还是和善地问："这的确你能拟订的最佳计划吗？"助理后退了一步，低声说："也许还有一两个细可以再改进，也许有些地方还需要多做些说明……"

在走出基辛格的办公室后，这位助手拿着那份计划，下定决心要全力赴，认真做出一份任何人，包括基辛格都必须承认的"完美"计划。于是，这助理以饱满的热情日夜工作了三周，计划终于完成了，他非常得意地大步入基辛格的办公室，将计划交给他。

这一次，当听到基辛格问出那个熟悉的问题时，他没有犹豫，非常自地说："是的，国务卿先生！"

"非常好！"基辛格说，"这样的话，我有必要好好地读一读了！"

400多年前，有一个名叫巴伦支的荷兰人，带领17名船员出航，他们到了地处北极圈的三文雅。第二天清晨，他们突然发现自己的船被冰封在海里，巴伦支船长和17名荷兰水手将在孤立无援的条件下度过8个月的漫长冬季，他们烧掉甲板用以御寒，并靠打猎来取得勉强维持生存的食物，在这样恶劣的险境中，8个人死去了。

但他们却丝毫未动别人委托的货物，幸存的巴伦支船长和9名水手把货物完好无损地带回荷兰，送到委托人手中。在当时，巴伦支船长和船员们的做法震动了整个欧洲，给整个荷兰赢得了海运贸易的世界市场。他们完美地诠释了：承诺比生命更重要！

坚守承诺要从小事做起，哪怕我们承诺的是今天回去看望父母，哪怕我们承诺的是今天去锻炼身体，哪怕我们承诺的是今天拜访一个客户，千万不要轻言承诺，对每一个承诺我们都要认真对待。

"保证完成任务"决定了个人乃至企业生命的执行力，它在任何时候都能让我们充满朝气干劲。在竞争趋于白热化的商业社会中，缺少执行力的人，根本无法胜任自己的工作，事业也不可能获得成功。

美西战争爆发后，美国必须立即跟西班牙反抗军首领加西亚取得联系。加西亚在丛林的山里，没有人知道确切的地点，所以无法写信或打电话给他，但是美国总统必须尽快与他合作。

"怎么办呢？"

有人对总统说："有一个名叫罗文的人，有办法找到加西亚，也只有他才能找到。"

他们把罗文找来，交给他一封写给加西亚的信。那个叫罗文的人拿了信，把它装进一个油质袋子里，封好，挂在胸口，划着一艘小船便出发了。四天以后的一个夜里，罗文在古巴上岸，消失于丛林中。接着在三个星期之后，他从古巴岛的那一边出来，徒步走过一个危机四伏的国家，把那封信交给加西亚。

麦金利总统把一封写给加西亚的信交给罗文，而罗文接过信之后，并没有问："他在什么地方？他是谁？还活着吗？怎样去？为什么要找他？那是我的事吗？报酬如何？"罗文只有一句话"保证完成任务"！

自信是相信自己，相信他人，敢于尝试，绝不说不可能。

在美国专门研究智力的人，做了一个试验。他们在学校10000名学生里面抽出20名来，然后召集所有的人集中在操场上，让校长宣布美国国家最顶尖的专门研究天才的科学家经过长期的测试和研究后发现在其学校，有20位天才，并把名单公布了出来。然后这20位站了出来，让所有的同学都能看到他们。这20位学生当时很激动，很兴奋地大叫："哇，我们是天才，而且是测试出来的"。

20年以后，这些人都长大了，这20个当时被称为天才的人究竟怎么样了？跟踪结果显示，这20个天才有的成为顶尖的企业家，有的成为最优秀的职业人士，表现出超出一般人的成绩。我们知道他们并不是真的经过专业测试出来的，那么既然没有真正的测试，最后怎么会真成了天才呢？因为他们相信自己就是天才。

付出与收获总会在一定程度上等值，付出爱的人会收获更多的关怀。我们要学会爱别人，这样才会有享受被人爱的机会。富有爱心的人，能让别人和自己同时享受快乐。因为，爱的神奇力量，是双方互惠，施收双赢的。

有一个人在沙漠行走了两天，途中遇到暴风沙。一阵狂沙吹过之后，他已认不得正确的方向，正当快撑不住时，突然，他发现了一幢废弃的小屋。他拖着疲惫的身子走进了屋内。这是一间不通风的小屋子，里面堆了一些枯朽的木材。他几近绝望地走到屋角，却意外地发现了一座抽水机。

他兴奋地上前汲水，但任凭他怎么抽，也抽不出半滴来。他颓然坐地，却看见抽水机旁，有一个用软木塞堵住瓶口的小瓶子，瓶上贴了一张泛黄的纸条，纸条上写着：你必须用水灌入抽水机才能引水！不要忘了，在你离开前，请再将水装满！他拨开瓶塞，发现瓶子里果然装满了水！

他的内心，此时开始交战着——如果自私点，只要将瓶子里的水喝掉，他就不会渴死，就能活着走出这间屋子！

如果照纸条做，把瓶子里唯一的水，倒入抽水机内，万一水一去不回，他就会渴死在这地方了……到底要不要冒险？

最后，他决定把瓶子里唯一的水，全部灌入看起来破旧不堪的抽水机里。当他以颤抖的手汲水时，水真的大量涌了出来！他将水喝足后，把瓶子装满水，用软木塞封好，然后在原来那张纸条后面，再加他自己的话：相信我，真的有用。在取得之前，我们要先学会付出。

付出者不一定是个成功者，但成功者必须是一个付出者。要想杰出一定要先付出，没有点奉献精神，是不可能创业的。我们要先用行动让别人知道，我们有超过所得的价值，别人才会开更高的价。我们的付出一定会有收获，一定会得到相应的回报。奉献是一种精神，是付出的另一种表现形式，它会为我们赢得最长久的回馈。企业需要我们的付出、奉献在先，所以请不要斤斤计较眼前的利益与得失。

人生智慧

◇保持"归零"心态，才能不断发展创造新的辉煌。

◇既然现实无法改变，那么只有改变自己。

◇付出者不一定是个成功者，但是成功者必须是一个付出者。

制定目标，目标排序

【聊天实录】

我：晏老先生，您对目标排序有何高见？

晏子：我曾在《晏子春秋》提到：厚借敛不以反民，弃财货而笑左右，傲细民之忧，而崇左右之笑，则国亦无望已。

我：您这句话该如何解释呢？

晏子：这句话的意思就是：征收很重的税却不反过来为人民办事，浪费财货而与身边的人取乐，无视小民百姓的忧愁，只重视身边左右的享乐欢笑，如此，国家真的没有希望了。

我：您的意思是说：企业的领导者想要自己的企业能够飞速地发展，一定离不开制定目标，制定目标之后就是要完成目标，想要完成目标就一定要管好自己的时间，抓住重点，给目标排序，只有这样，才能让企业正常运作。

晏子：是的，你说得很对。管理其实就是给目标排序。

【解读】 **抓住重点，管好时间**

乔布斯经常对大学生们说："当我17岁时，读到一则格言，终生不忘。这句名言是：'把每一天都当成生命中的最后一天，你就会轻松自在。'这句话影响了我一辈子。在过去33年里，我每天早上都会照镜子，自问：'如果今天是此生最后一日，我今天要干些什么？'每当我连续多天都是'没事做'的答案时，我就知道我必须下决心变革了。"

时间管理（Time Management）就是用技巧、技术和工具帮助人们完成工作，实现目标。时间管理并不是指把所有事情做完，而是更有效地运用时间。经理不要做员工做的事情——算算你的时间价值。

谁都知道乔布斯曾经几度贴近死亡，因此他比任何人都注重"时间价值"。

在一次演讲的时候，他完全按照规定的时间来到了演播现场。他的身后，跟着三个全黑服装的保镖，一个小时的演讲快结束时，其中的一个保镖离开了。

采访结束了，乔布斯站起来，在保镖的带领下往外走。那个不见了的保镖，原来站在电梯口，用手按住电梯门，以便他的老板不必浪费15秒等电梯的时间，从而以最快速度离开现场，去做他的下一件事！

为了节省这15秒的时间，这个保镖可能已经花了5分钟，甚至更长的时间，可是，他给乔布斯省下的这15秒时间所带来的时间价值，可能远远超过保镖几个小时的时间价值，这就是每个人所创造的不同时间价值所带来的不同经济效益！

在很多企业里，经理去做员工的事情，不仅不会让员工成长，还会让经理的时间价值和经济价值不对等！

在忙忙碌碌中，大家是否发现：实际上大部分人都会陷入时间浪费的陷阱。不论工商之士、学生或家庭主妇，平均一天要浪费清醒时间中的四分之一，也有人浪费了清醒时间的50%，甚至90%！仔细想想，导致此种浪费有内部原因，也有外部原因。

在内部，缺乏计划、没有目标、经常拖延、抓不住重点、事必躬亲、有头无尾、一心多用、缺乏条理与整洁、找东西、简单的事情复杂化、懒惰、浪费别人的时间、不会拒绝请求、盲目行动、不懂授权、盲目承诺、越权指挥、救火、完美主义都会是我们的时间陷阱。

在外部，有人可以改变自己的习惯，也要看到来自外部的时间陷阱。上级领导会"浪费"我们的时间，无休止的开会、漫长的电话、官僚作风、死板的制度、信息不共享、目标不明确正在不断浪费我们的时间。工作系统也在"浪费"我们的时间，垃圾短信、慕名来访、官样文章、员工离职、小道消息、人手不足、训练不够……生活条件同样在"浪费"我们的时间，通信、环境、交通拥堵、朋友闲聊、家住郊区……

目标排序，提高效率

乔布斯认为："目标排序，可通过诱导启发职工自觉地去工作，其最大特征是通过激发员工的生产潜能，提高员工的效率来促进企业总体目标的实现。"

一位青年满怀烦恼地去找一位智者，他大学毕业后，曾豪情万丈地为自己树立了许多目标，可是几年下来，依然一事无成。他找到智者时，智者正在河边小屋里读书。智者微笑着听完青年的倾诉，对他说："来，你先帮我烧壶开水！"青年看见墙角放着一把很大的水壶，旁边是一个小火灶，可是没有柴火，于是便出去找。他在外面拾了一些枯枝回来，装满一壶水，放在灶台上，在灶内放了一些柴便烧了起来，可是由于壶太大，那捆柴烧尽了，水也没开。

于是他跑出去继续找柴，回来的时候那壶水已经凉得差不多了。这回他学聪明了，没有急于点火，而是再次出去找些柴，由于准备充足，水一会儿就烧开了。

智者看了看，将一壶开水全倒了，重打了一壶冷水，说："你再帮我烧壶开水好吗？"青年看了看剩下的不多的柴，摇了摇头："烧不了了，四周能找的柴都被我找来了，剩下的这点柴不够烧开一壶水。"

智者什么也没说，将水壶里的水倒掉了一大半，然后交给青年……青年若有所思地点了点头，一会儿将就水烧开了。

智者接着说："你一开始踌躇满志，树立了太多的目标，就像这个大水壶装了太多水一样，而你又没有足够的柴，所以不能把水烧开。要想把水烧开，你或者倒出一些水，或者先去准备柴！"

青年恍然大悟。回去后，他把计划中所列的目标去掉了许多，只留下最近的几个，然后利用业余时间学习各种专业知识，几年后，他的目标基本上都实现了。

中国人向来是不缺目标的，制订超英赶美、进军全球500强之类的目标中国人向来不怵，但中国企业的目标管理却做得并不好。其原因可归结为两点：一个是大多企业目标订完了就完了，既没有把目标变成相应的计划，也不能及时有效地追踪目标实现的过程，另一个更普遍的问题则是，企业制定的目标可能只是一个口号式的目标。企业或个人失去了目标，发展将成为空谈！

有个人经过一个建筑工地的，问那里的石匠们在干什么，三个石匠有三个不同的回答。

第一个石匠回答："我在做养家糊口的事，混口饭吃。

第二个石匠回答："我在做最棒的石匠工作。"

第三个石匠回答："我正在盖一座教堂。"

如果用"目标管理"的指标来衡量这三个石匠，我们就会发现：

第一个石匠的自我期望值太低，这不是公司所需要的。

第二个石匠的自我期望值太高，在部门中，此人很可能是个特立独行的人。他所设定的目标可能并不能实现，管理者也不能与他很好的沟通。

第三个石匠的目标才真正与公司目标、部门目标高度吻合，他的自我启发意愿与自我发展行为才会与公司目标的追求形成和谐的合力。

目标并不是空洞的，一个真正的目标必须深入公司每位成员的内心。如西南航空的目标"拥有飞的自由"，沃尔玛的"为顾客省钱，提高人们生活质量"。

据调查，员工所做的工作有30%是与目标无关的，另有40%是源于目标不统一……企业或个人失去了目标，发展将成为空谈！甚至可以说：制订出一个合理的目标，就实现了目标的一半。管理者的任务，就是在工作过程中找到并制订出合理的目标。

乔布斯指出："你成为什么样的人比你得到什么东西要重要得多。"目标不仅仅界定了追求的最终结果，它在整个人生旅途中都起着重要作用，可以说，目标是成功路上的里程碑。

人 生 智 慧

◇管理其实就是给目标排序。

◇你成为什么样的人比你得到什么东西要重要得多。

◇目标是成功路上的里程碑。

简化管理，学会沟通

【聊天实录】

我：晏老先生，您对管理沟通有何高见？

晏子：我曾在《晏子春秋》提到：谋度于义者必得，事因于民者必成。……夫逃人而谋，虽成不安；傲民举事，虽成不荣。故臣闻义，谋之法也；民，事之本也。故及义而谋，信民而动，未闻存者也。

我：您这句话该如何解释呢？

晏子：这句话的意思就是：谋划符合道义的，必会成功；做事依靠人民的，必会如意。……那种违反义理的谋划，即使成功了也不会安宁；轻视人民的事情，即使做成了也不光荣。所以我听说：道义，只是谋事的法则；人民，这是做事的根本。紧紧地依据道义谋事，诚恳地忠于民意做事，没有不能成功的。

我：您的意思是说：企业内部良好的沟通文化可以使所有员工真实地感受到沟通的快乐和绩效。加强企业内部的沟通管理，既可以使管理层工作更加轻松，也可以使普通员工大幅度提高工作绩效，同时还可以增强企业的凝聚力和竞争力。

晏子：是的，你说得很对。领导者要学会有效的沟通。

【解读】 **学会简化管理**

"苹果公司有2.5万名员工，大约有1万人在专卖店工作，而我的工作是与100位高层人员合作，这就是我的工作。他们并不全部都是副总裁，有些人只是关键的单个研究员。因此，当一个好点子出现的时候，我的工作之一就是让大家都看看这个点子，了解一下不同人的看法，让大家就此展开讨论，甚至是辩论，让这100个人交流思想。"

这是媒体问及乔布斯管理风格时，乔布斯的回答。

乔布斯实际上回答的是一个让广大CEO头痛的难题：如何领导聪明的人？

《哈佛商业评论》曾专门刊登过一篇题目为《领导聪明的人》的文章，作者写道：如果可以定义聪明人的一个特征的话，那就是他们不想被领导。聪明的人需要的是慈善的守护者，而不是传统的老板，因为他们难以管理，所以管理者应该运用逆反心理，拿出和聪明的人真正想要的相反的东西。

而乔布斯采用的则是另外一种解决方案：让这100个最主要的聪明人展开类似头脑风暴性质的讨论，甚至是辩论，从中发现真正的闪光点。

最重要的是一定要注重合作与思想交流。

思想的价值只有在分享时才会体现出来。所有团队的成功皆是因为他们共享而非保守他们的思想，但这并不意味着团队中不存在竞争。爱迪生被称为"Menlo Park向导"，因其发明白炽灯、留声机、在电影中加入声音而享有盛名，而实际上这是"Muckers"团队所取得的成就。爱迪生建立了一个"发明工厂"，因此开发者与制造者之间的双向交流速度很快。几乎在我们所有的团队中，狭窄拥挤的宿舍促进了团队成员交谈的力度、及时性和充分性，确保了所有团队成员都保持敏锐的认知。

加强企业内部的沟通管理

沟通的重要性不言而喻，然而这种大家都知道的事情，却又常常被人们忽视。没有沟通，就没有成功的企业，最终大家将都不能在这里工作，因此我们每个人都应该从战略意义上重视沟通！

耕柱是一代宗师墨子的得意门生，不过，他老是挨墨子的责骂。有一次，墨子又责备了耕柱，耕柱觉得自己很委屈，因为在许多门生之中，大家都公认耕柱是最优秀的，但他偏偏常遭到墨子指责，自己感到很没面子。一天，耕柱愤愤不平地问墨子："老师，难道在这么多学生当中，我竟是如此的差劲，以至于要时常遭您老人家责骂吗？"

墨子听后，毫不动肝火，"假设我现在要上太行山，依你看，我应该要用良马来拉车，还是用老牛来拖车？"耕柱回答说："再笨的人也知道要用良马来拉车。"墨子又问："那么，为什么不用老牛呢？"耕柱回答说："理由非常简单，因为良马足以担负重任，值得驱遣。"墨子说："你答得一点也没有错，我之所以时常责骂你，也只因为你能够担负重任，值得我一再地教导与匡正。"虽然这只是一个很简单的故事，但这个故事可以给企业沟通管理一些有益的启示，希望每一个人都能够从这个故事中获益。

管理者应该积极和部属沟通，优秀管理者必备技能之一就是高效沟通技巧。一方面管理者要善于向更上一级沟通，另一方面管理者还必须重视与部属沟通。许多管理者喜欢高高在上，缺乏主动与部属沟通的意识，凡事喜欢下命令，忽视沟通管理。试想，如果耕柱在深感不平的情况下没有主动与墨子沟通，而是采取消极抗拒，甚至远走他方的话，一则墨子会失去一个优秀的可塑之材，二则耕柱也不可能再从墨子身上学到更多的知识了。对于管理者来说，"挑毛病"尽管在人力资源管理中有着独特的作用，但是必须讲求方式方法，切不可走极端。"鸡蛋里挑骨头"、无事找事就会适得其反，若要挑毛病必须实事求是，在责备的过程中要告知员工改进的方法及奋斗的目标，在"鞭打快牛"的过程中不致挫伤人才开拓进取的锐气。

从这个故事中，管理者首先要学到的就是身为主管的你有权力也有义务主动和部属沟通，而不能只是高高在上地简单布置任务！

沟通是双向的，不必要的误会都可以在沟通中消除。如果任何一方积极主动，而另一方消极应对，那么沟通是不会成功的。试想故事中的墨子和耕柱，都忽视沟通的双向性，结果会怎样呢？在耕柱主动找墨子沟通的时候，墨子如果要么推诿很忙没有时间沟通，要么不积极地配合耕柱的沟通，结果会使耕柱恨上加恨，双方不欢而散。如果故事中的墨子在耕柱没有来找自己沟通的情况下，主动与耕柱沟通，然而耕柱却不积极配合，不想说出自己心中真实的想法，结果会怎样呢？可能是双方并没有消除误会，甚至会使误会加深，最终两人分道扬镳。

加强企业内部的沟通管理，一定不要忽视沟通的双向性。

作为管理者，应该有主动与部属沟通的胸怀。作为部属也应该积极与管理者沟通，说出自己心中的想法。只有大家都真诚的沟通，双方密切配合，我们的企业才可能发展得更好更快！

沟通是每个人都应该学习的课程，我们要将提高自己的沟通技能上升到战略高度。每个人都应该高度重视沟通，重视沟通的主动性和双向性，只有这样，我们才能够进步得更快，企业才能够发展得更顺畅、更高效。

人生智慧

◇思想的价值只有在分享时才会体现出来。

◇管理者应该积极和部属沟通。

◇加强企业内部的沟通管理，一定不要忽视沟通的双向性。

统筹全局，轻重缓急

【聊天实录】

我：晏老先生，您对统筹全局有何高见？

晏子：我曾在《晏子春秋》提到：古之贤君，饱而知人之饥，温而知人之寒，逸而知人之劳。

我：您这句话该如何解释呢？

晏子：这句话的意思就是：古代贤明的君王，自己吃饱了还能知道有人在挨饿，自己穿暖了还能知道有人在受冻，自己安逸了还能知道有人在劳累。

我：您的意思是说：管理者要站在企业全局的高度，制定企业战略，根据企业目标调整经营方向，合理配置企业资源，并站在企业高度协调各方面的关系，保证为企业的最终目标服务。

晏子：是的，你说得很对。企业管理是一个需要统筹全局的过程。

【解读】　　　统筹全局，从整体出发

现代企业是一个注重合作的团队，如果各个团队之间都只照顾到自己的利益，只会让企业的整体目标受到限制，最终难以达成企业目标。对于那些只顾部门利益或局部利益而牺牲企业整体利益的做法，管理者要严肃对待，绝不融情。而且，管理者还要注意协调企业内部各部门的利益，倡导团结合作，使所有的员工都能够把企业视为整体，为了整体目标而能够放弃局部利益。

法国大艺术家罗丹曾经花费了很多个昼夜完成了法国大文豪巴尔扎克的雕像，他为了这尊雕像曾经访问了巴尔扎克的家乡，阅读了他的全部作品，搜集了大量关于他的照片资料，甚至还专门向为巴尔扎克做过衣服的裁缝请教巴尔扎克的身材比例。在付出了无数心血之后，雕像终于完成了。望着那尊雕像，罗丹满意极了，心中被创造的热情充满着。他迫不及待地叫来了自己的一个学生，等待他分享自己的喜悦。罗丹目不转睛地盯着学生，希望看到别人对于自己作品的反应。学生同样被这个近乎完美的作品吸引住了，他睁大了眼睛看着雕像，眼光落到了雕像的双手上，那双手几乎是有着生命力的，于是他赞叹起来："这是一双多么奇妙的手啊！"

罗丹的笑容在一瞬间消失了，他叫来了另一个学生，看这个学生对自己的作品有什么反应。学生认真地看了一会儿雕像，同样被雕像的双手吸引了，他喃喃赞叹道："天啊！这是一双完美的双手，只有上帝才能创造出这样的双手，它们是活着的！"一直静静观察着学生的反应的罗丹脸色微变，他又叫来了一个学生。

第三个学生同样在看过了雕像之后，热情赞叹了雕像的双手。罗丹愤怒了，他在工作室里走来走去，找到了一把斧子，用力地朝着雕像的双手砍去，终于，那双备受赞叹的双手变成了一堆碎片。

学生们惊呆了，他们莫名其妙地看着罗丹，深深地为雕像美妙的双手被砍掉而惋惜。罗丹解释说："这双手太突出了，正如你们所说，它们几乎已经有了自己的生命。在这个雕像上，它们更多地吸引了观众的注意，它们已经不属于这个雕像了，所以我只能把它们砍掉。要记住，任何一件艺术品，部分总是不能超过整体，整体永远比局部更重要。"

企业管理就像是塑造一个完美的雕像，任何一个部门、任何一个环节都是为了最终的雕像服务的，如果有一个部门过分突出，从而影响到雕像的整体，那么就会对企业的整体利益造成影响。管理只注重产品和技术，而不注重销售，就无法赚取利润；而如果过分注重销售环节，忽略了产品质量和提高技术，则会给企业形象造成不良影响，同样不利于企业的发展。管理者在制定企业战略的时候，要站在全局的高度，考虑到企业的整体利益和长远发展，如果只局限在一个范围内，就会限制了企业的发展进程。特别是那些有可能对企业整体目标造成不良影响的地方，即使有短暂的利益也必须做出牺牲，为企业整体目标服务。

管理者要知道，任何一个员工的工作都不是孤立的，而是企业整体目标的一部分。如果员工仅仅知道自己的工作目标，只被要求做好某一范围内的具体工作，而不知道自己完成工作对于企业的整体目标有什么意义，也不知道整体的工作目标和自己的工作之间的联系，那员工是不可能积极主动工作的，他会对整体目标无动于衷，甚至会认为自己的工作无关紧要，一个感觉自己不重要的员工是不会焕发出工作热情的。管理者只有让员工觉得自己重要，才能够激发出员工的责任感和荣誉感。

如果员工知道自己的工作对于整体目标的意义，感受到自己的工作是企业使命的一部分，他就会努力完成工作，极大地发挥自己的热情。

美国曾经有一家咨询公司对与员工工作效率高低相关的因素进行研究发现：员工在工作过程中最关心的12个问题中，排名在前两位的是"我知道公司对我的工作要求吗"和"公司的使命目标是我觉得我的工作重要吗"。可见，任何一位员工都想知道自己的工作对于企业整体目标的影响。管理者只有让员工认识到自己的工作对于整体目标的重要性，才能够挖掘出员工的潜能，才能在员工心目中树立起全局的观念。当员工的工作和企业的整体目标出现矛盾和分歧的时候，员工就能够牺牲自己的工作来适应企业整体需要。

在一家经营电子产品的企业里，有财务、人力资源、营销和生产四个部门，各部门各司其职，互不干涉，但还是遇到了问题。在组装车间，一个工人不小心在操作台周围的地板上洒了一些水。组长看到了，要求工人清理，而工人则说，他的工作是组装机器，不是打扫地板，清理地板是勤杂工的工作。勤杂工人不在，组长只好自己动手清理地板。事后，组长要求车间主任处罚那位工人，车间主任同意了，但人力资源部门却警告车间主任对于人员的奖罚是他们的工作，请车间主任不要越权。车间主任向生产部经理反映了情况，生产部经理认为这件事是他们车间内部的问题，当然由生产部自己解决，车间主任并没有越权，生产部把这件事报告给了总经理。这样一件小事，让人力资源部和生产部两个部门争执不下，难以统一。

其实，这样一件小事，丝毫影响不到企业战略性的重大问题，根本没有必要总经理出面解决。这两个部门之所以争执不下，就是因为他们都不能从全局利益出发，没有全局观念，看不到自己的工作对于企业整体工作的影响。如果从那个生产部工人到两个部门的经理都能够从企业的全局利益出发，就不会把这样的一件小事发展成为不可调和的矛盾，以至于影响了企业的正常运转。

由此可见：管理者让每一位员工都能够明确自己的工作对于企业整体目标的意义十分重要。在管理过程中，管理者要采取各种措施，保证每一位员工都能够充分理解企业的使命和整体目标，这样，员工的潜力就能够发挥出来，拥有全局观念的员工使企业拥有强大的凝聚力，取得良好发展。

抓住重点，照顾全局

企业管理者的工作同样要抓住重点，而不是事事都要抓，不分轻重。对于那些能够决定企业的生死存亡的重要局部，管理者要投入自己的精力和时间，当作工作中最重要的事来抓。

　　格兰仕在进军海外市场的时候，就采用了这种抓住重心、照顾全局的战略。他们先是突破微波炉，借助于自己低成本的竞争力迫使国外企业妥协，集中了全部力量在微波炉上，在微波炉占领市场以后，再推出空调器。正是因为抓住了竞争中的核心产品，以此作为工作重点，才能够顺利打入了国际市场。

　　除了在这样的战略问题上要有工作重心外，管理者在自己的具体工作上也要能够分清轻重缓急，而不是眉毛胡子一把抓，把自己陷身于繁忙琐碎的日常事务中。美国通用电气公司前CEO韦尔奇说过：领导的关键在于发现和培养伟大的领导者。可见，企业的管理者并不是要事事都亲力亲为，而是要把工作重点放在高屋建瓴的领导工作上。

　　有一个外商考察团到我国一个城市考察投资环境，在进行了一番实地勘察之后，他们提出了四点希望：一是希望有麦当劳，二是希望有香格里拉，三是希望有高尔夫球场，四是希望有一个"星期天能休息的市长"。对于前三个希望，很容易理解，一个有麦当劳、香格里拉和高尔夫球场的城市，大体上有一定的经济发展水平。但是陪同外商考察团的工作人员，对于第四点十分不解。对此，外商的解释是：他们认为有一个"星期天能休息的市长"是一个硬指标，有这样一个市长，说明这个城市高效能、低内耗、运作良好，至少，市长不用把宝贵的时间花在处理城市琐碎的日常事务上。

　　一个企业的管理者也一样，一个忙碌的管理者不一定是一个高效的管理者，也不一定能够拥有一个运作良好的企业。管理者很容易把自己的工作陷入这样的误区，他们把工作重心放在企业的具体事务上，借助于在这些事务方面取得的成绩，来证明自己的工作业绩。这样的工作看上去手忙脚乱，实际上却收效甚微。在当今这个瞬息万变的市场环境下，管理者忙于应付，没有思考的时间，只能使整个企业失去发展方向，这无疑是一种不顾全局的做法，得不偿失。那些成功的管理者则把工作重心放在制定企业战略和立足全局的方向引领上，他们知道企业的发展目标是什么，并引导每一位员工向着企业的共同目标努力，而不是告诉员工他们应该做什么、怎么做。这样的管理者，看上去对于员工的工作并不是事事过问，但却能够带领员工实现企业共同的目标。管理者也许不会对员工工作的每一个细节都了如指掌，但他应该明确整个企业的走向和目标。

一个能够确定工作的轻重缓急并能够把重要的工作放在第一位的管理者一定会成为一个高效的管理者。他的工作很轻松，因为他把自己的时间优先安排在那些重要的事情上，对于关系企业生死存亡的大事，他有清醒的认识，并能够调动企业的资源优先处理这些事，为这些事协调好企业各方面的关系，从而能够使企业平稳地立足和发展，至于那些无关紧要的事情，则是可做可不做。在这样的管理下，员工们的工作也有明确的目标，在企业的重要工作遇到障碍时，一切工作都给中心任务让路，减少了企业内部的无谓消耗，提高了工作效率。

另外，在企业发展的不同时期，管理者的工作重心也是不同的。对于不同生命周期的企业，管理者的工作重心自然不同。企业创建初期，管理者的工作重心是领导企业发展自己的核心优势，占领一部分市场；等到企业在市场中站稳脚跟，就要扩展自己的市场，塑造自己的品牌；而企业有了一定知名度以后，管理者需要考虑的问题就是怎样让自己的企业长久的占领市场，并拓展新的市场，发现顾客多层次的需要。在企业发展的不同时期，不但管理者的工作重心不同，管理方式上也要有所区别。

中国著名企业联想集团的柳传志说过：我刚刚建立公司的时候，采用的是"由上而下"的方式领导管理团队，也就是我们称为"指令式"的方法；进入20世纪90年代，公司来了一些高素质的年轻人，我就开始了"指导式"的方法；1995年以后，我就把工作方式逐渐改为"参与式"——属下提出计划，我来提供意见。这种管理方式的改变同样是一种工作重心的转移，从管理者主抓企业内部日常事务到超脱管理、主抓企业战略，就是在立足全局的前提下工作重点有所侧重的表现。

◇企业管理是一个需要统筹全局的过程。

◇对于不同生命周期的企业，管理者的工作重心自然不同。

◇立足全局的前提下工作重点有所侧重。

整体和谐，顾客满意

【聊天实录】

我：晏老先生，您对顾客满意有何高见？

晏子：我曾在《晏子春秋》提到：能足以赡上益民而不为者，谓之不仁。不仁而取名者，婴未得之闻也。

我：您这句话该如何解释呢？

晏子：这句话的意思就是：能力足以效力于君王并有益于民众，却不肯出来为社会工作的，可以称之为不仁。不仁的人而能成名，我晏婴从未听说过。

我：您的意思是说：只有企业整体具有良好的适应性并对外界反应灵敏，才能够形成企业竞争的核心优势。

晏子：是的，你说得很对。只有整体和谐，企业才能发展。

【解读】　整体和谐，企业管理

我们知道，对于一个木桶来说，装水的多少取决于最短的木板。同样，企业的经营也取决于企业的薄弱环节。随着企业中分工越来越细，管理者如果把企业分割为相对独立的不同部门，不注重各部门之间的团结和协作，就不能够使企业变成一个整体，这就像是企业经营过程中只关注那些看上去重要的工作却忽视了重点工作和其他工作之间的协调，同样不利于企业整体的发展。如果企业内部各部门都只关心自己的部门利益，条块分割，推卸责任，那么即使不同部门有着很高的工作效率，那么企业的整体目标也是难以实现的。

为了能够适应经营环境中的变化，提高企业整体的综合能力，管理者要把自己的企业变成一个充满弹性的有活力的组织，各部门、各环节相互协调，这就需要管理者从以下方面入手，增强企业的竞争优势。

首先企业生产经营中的各项工作要协调统一。如果各项工作不能协调，资源配置不合理，那么生产经营工作就无法正常进行，企业无法正常运转，更谈不上盈利了。例如工艺流程和人员调配之间要协调统一，使得各项工作之间衔接有序，不同的专业人员互相配合，同时提供相应的激励措施，保证调动起人员的积极性。如果这方面不配套，那么企业的整个生产经营就会成为企业"木桶"中最短的木板，无论企业有怎样雄厚的资金、优秀的人才，都会使企业的优势从这块木板上白白流失掉。在当今经营环境日益复杂的情况下，企业管理者一定要注意企业经营活动中各方面的协调，特别是对手那些可能会出现意外情况的项目，管理者有必要设立一个跨职能的机动团队，如果完成任务的过程中出现了突发的事件，或者出现了事先没有进行责任归属的新任务，就立即处理，这样，才能够提高整个企业的工作效率。

其次，企业发展的各项战略和决策要互相适应，而不是互相矛盾或互不协调。一旦管理者制定的各项战略之间出现了冲突，员工的工作就会变得混乱不堪，无所适从的员工自然无法顺利执行企业的各项决策和任务。例如企业制定的人力资源发展战略和企业的市场推广计划要想匹配，市场推广需要的人才要列入人力资源发展的计划中去。如果市场推广需要人才，而人力资源部门没有进行储备或招聘，那么市场推广目标就难以顺利实现，所以管理者制定的决策要既有重点又能够综合考虑多方面的情况，既不能过高，又不能毫无挑战性，这样才能起到促进企业发展的作用。

再次，企业制度要和企业文化相协调，企业的战略、组织、制度、工作流程和人员配置等硬件要和企业的价值观相配合。如果管理者过分重视企业制度，一味强调企业管理中对员工的控制，那么企业就会变得很规范，但同时也会失去活力，效率低下；反之，如果管理者过分重视管理过程中的软性因素，如价值观和企业文化等，那么企业就会变得太务虚，对外界的变化失去敏感性，这样也无法使企业更好地生存和发展。要想使管理达到平衡和协调，管理者就要在制度的基础上加入软性因素，使员工在受到制度约束的同时感受到文化的感召力量。

最后，企业文化本身的各个层次之间也要相互统一。企业文化不仅仅包括标志、器具、人文环境等表面的层次，还包括制度、价值观念等深层次的因素，管理者注重企业文化的打造就要注意这些不同层次因素的相互统一和协调，这样，才能使员工更好地理解企业文化，为企业的发展注入持久的精神力量，仅仅侧重文化的表面因素或只重视文化的深层次内涵，都是不对的。如果企业的制度不能体现企业的价值观，也会让员工们觉得无所适从，对于企业发展也就没有推动意义。

管理者想要注重企业发展的全局，就不能割裂企业各部门、各环节的职能，而应该注重不同组织、不同工作环节、不同部门之间的协作，工作中既有所侧重，又不忽略其他方面。

另外，管理者还要注意的是企业发展虽然应该把企业内部核心竞争力的打造作为中心任务，但同样不能忽略企业外部环境的变化。企业无论是组织生产还是进行流通，都是在一个广泛的环境中，与其他企业相互依赖、相互影响。我们所说企业管理注重全局的观念，还包括企业管理者应该认识到在一定范围内，自己

第一章 晏子与我聊职场管理之道

的企业和其他企业是一个利益共同体，不能把自己的企业和其他企业孤立起来，而是要相互合作。

美国通用电气公司十分重视企业核心竞争力的打造，但除了这个中心任务之外，他们同样不会忽略企业内外各种利益关系之间的协调。通用的企业文化中明确提出了相互协调的价值观念，在企业最重要的三个利益相关者：客户、员工和股东之间建立起了协调的关系；对客户，通用为他们提供高质量的产品和服务，不断满足他们多样化的需求；对员工，管理者充分尊重员工个人的价值实现，培养了员工的"终身就业能力"；而对股东，通用用高速稳定的业绩增长来回报他们，为他们带来了丰厚的利润。正是这样内外兼顾的和谐为通用带来了强大的竞争力，使得它能够长期发展。

当然，企业和外部环境之间的广泛协调还包括和工商、税务、物价、计量、环保等多个执法部门之间的合作，以及与业务往来单位之间的协调。正是这方方面面不容忽视的局部部分，才能够使企业面临的整体环境为企业的正常发展铺路。这些各方面的关系看似对于企业的影响不十分重要，但是一旦哪个环节出了问题，就必然会对企业的正常经营造成不容忽视的影响，所以，一个有全局观念的管理者一定是一个能够照顾到方方面面的关系协调的人。

顾客满意，企业财富

日本著名企业家松下幸之助说过：正因为顾客购买了我们所制造的产品或提供的服务，并由此得到了满足，我们的企业才能不断发展，因此我们不要忘了做让顾客满意的工作。可见，管理达到顾客满意对于企业的重要性。尽管很多企业都意识到了顾客的重要性，甚至提出了"顾客就是上帝"的口号，但是，并不是每个企业都能够真正达到顾客的完全满意。一般来说，企业提供的服务质量如何都是需要靠顾客来评定的，这种满意程度的评分并不是比赛评委的打分，可以取掉一个最高分，去掉一个最低分，再取平均值。顾客对于企业的最终评判只有两种，要么是满意，要么就是不满意。企业如果不能够让顾客满意，就无法达到市场的要求，就难逃被淘汰的命运。

管理者要想达到顾客满意，首先要重视自己的产品和服务质量。因为顾客消费的是产品和服务，如果这些不能满足顾客的需要，达不到顾客的要求，顾客也就没有购买的意义，更不要说达到满意了。但是，尽管很多企业都意识到了质量是企业的生命线，却会因为成本的问题而有所保留，不能永无止境地追求产品和服务的高质量，有时甚至为了提高销量而不惜牺牲质量。这实际上是一种杀鸡取卵的做法，一旦企业在顾客的心目中形成了质量差的印象，是很难改变的。

企业对产品和服务的质量要求99.9%都不可以，一定要是100%，海尔集团砸冰箱的故事就是管理者重视产品质量的一个明证。那时候，海尔是一个持续亏损的企业，一穷二白，工厂的处境十分困难。张瑞敏刚到这里，就十分重视产品质量。当他发现几十台冰箱质量不合格时，就把工人叫到了一起，拿起了大锤，交到那些亲手做出冰箱的工人手里，让他们砸掉那些不合格的冰箱。工人们手中的铁锤落下去，眼里的泪水就流了出来，正是这一锤砸出了海尔"质量第一"的铁的观念。也正是在这样的管理下，海尔获得了迅猛的发展，凭借着杰出的质量获得了顾客的满意。

降落伞

"二战"中期，美国空军因为降落伞的安全性问题和降落伞制造商之间发生了分歧，双方争执不下。原因是制造商通过努力，已经将降落伞的合格率提高到了99.9%，但是军方认为合格率应该达到100%，否则就意味着每1000个跳伞的士兵中，就会有一个人因为降落伞的质量问题而牺牲生命。降落伞制造商十分不以为然，他们认为99.9%的合格率已经很好了，世界上根本不可能有100%完美的合格率。空军多次交涉都不成功，于是他们想出了一个办法，他们要求改变质量检验方法，从制造商已经交货的降落伞中随机选出一个，要求制造商装备上身，亲自进行试跳试验。正是这种举动，让制造商意识到了100%合格率的必要性，接下来，奇迹出现了，降落伞的合格率很快达到了100%。

管理者如果在质量和销量之间犹豫不决，就要学习这个故事。不能"过得去"就行，而是要设身处地地让自己当一回消费者。在进行这样的质量管理时，管理者一定要制定出相应的可以量化的标准，这样才能使管理过程科学化。

管理者要把以顾客为中心体现在员工的行动当中，一定要把这一思想统一到企业的策略中去，让每一位员工都意识到他们帮助顾客、为顾客服务、搜集和分析顾客信息就是在为企业实现战略目标。因为顾客需要的产品和服务都是由企业的员工直接提供的，员工的意识和思想直接关系到顾客能够满意与否，所以，管理者应该有相应的制度激励和保持员工们为了达到顾客满意而不断学习的精神和热情。

沃尔玛这个全球知名的零售企业以优质服务著称，沃尔玛对待顾客的心声是：您感到满意吗？如果您觉得失望，请告诉我们；如果您觉得满意，也告诉我们。这是一个很好的机会，让我们知道我们的工作情况。有了您的支持和帮助，我们就可以及时改正缺点，发扬优点，更好地为您提供服务。正是这种每一位员工都能够身体力行的热情，帮助沃尔玛实现了达到顾客满意的目标，而顾客的满意是企业最大的财富，能够让企业在激烈的市场竞争中立足并发展。

人生智慧

◇一个有全局观念的管理者一定是一个能够照顾到方方面面的关系协调的人。

◇企业如果不能够让顾客满意，就无法达到市场的要求，也难逃被淘汰的命运。

◇顾客的满意是企业最大的财富，能够让企业在激烈的市场竞争中立足并发展。

走动管理，平等待人

我：晏老先生，您对平等待人有何高见？

晏子：我曾在《晏子春秋》提到：饰民之欲，而严其听，禁其心，圣人所难也；而况夺其财而饥之，劳其力而疲之，常致其苦而严听其狱，痛诛其罪，非婴所知也。

我：您这句话该如何解释呢？

晏子：这句话的意思就是：放纵人民的欲望，却又严厉禁止人民去听、去想，这是圣人也难以做到的；何况又夺取人民的财产而让人民挨饿，使人民劳累而疲惫不堪，常常造成人民的痛苦却又严酷地对待人民的诉讼、狠狠的惩处人民的罪错，这是我晏婴所不能理解的。

我：您的意思是说：在进行交流前，管理者首先要想好自己想要表达的意图，抓住中心意思。在沟通过程中，要恰当地运用语气和表达方式，让员工正确理解并乐意接受。为了便于员工的理解，有时需要管理者对于自己表达观点的背景、依据、理由等做出一定的解释。分配任务就要对任务进行全面分析，正确地说明任务；对员工进行奖罚，那么在进行奖励或批评之前，要对情况进行全面了解，向员工讲清楚奖惩的原因。

晏子：是的，你说得很对。管理者要想和员工之间形成良好的沟通，首先要做到眉的明确、思路清晰的表达。

【解读】　　　走动管理，沟通艺术

企业管理者要注重沟通艺术，在企业中，沟通所起的作用是不容低估的。良好的沟通不仅能够起到控制物流、资金流和信息流的作用，而且是组织凝聚力、竞争力的最佳辅助。据一项调查显示：在企业中，生产工人每小时进行16~46分钟的沟通活动；而基层管理人员，他们工作时间的20%~50%用于同各种人进行语言上的沟通，如果加上各种方式的文字性沟通，诸如写报告，最高可达64%；中层管理人员在工作时间内有66%~89%的时间用于语言沟通，企业领导人则经常开会，找人谈话，下基层，其中很大一部分属于沟通的内容。可见，对于很多企业管理者来说，沟通是他们的主要工作，只有注意把握好沟通的艺术，才能够使沟通取得良好的效果。

无论是进行何种目的的沟通，管理者都要对员工以诚相待，只有面对一个坦诚、可信的管理者，员工才愿意敞开心扉。管理者不但要表达自己的意图，还要能够听取员工的反馈意见，从而和员工之间建立起信任。沟通方式和沟通时机的选择也十分重要，沟通效果良好与否，不但和内容有关，而且还会受到环境条件的影响。对于不同的表达意图要分别选择合适的沟通方式，抓住最有力的沟通时机。对于中国企业来说，一对一的谈心谈话是一种很好的沟通方式。中国人由于受儒家文化的影响，往往性格比较内敛，不愿意在公众场合表达自己的观点，特别是一些涉及员工个人的问题，往往那种私下里谈心的方式更能够被接受。

对于企业来说：不但管理者和员工之间要进行这样一对一的谈话，管理层之间也要进行这种沟通。

管理者和员工沟通的目的是为了提高员工的工作效率，所以在进行沟通时还要注意避免消极的表达方式。如果管理者都是一种很消极的态度，自然会影响员工的士气和工作态度。员工之间或者管理者和员工之间的消极对话，对于员工是一种消耗，会让员工在下意识中受到制约，所以，管理者要把谈话引向积极的方向。例如，对于那些不熟悉公司业务的新员工，工作起来自然会影响搭档，在搭档表示不满的时候，管理者就要制止这种消极的谈话思路继续走下去，而是应该建议员工树立团队观念，互帮互助。对于那些有一定困难的工作，如果员工表现出畏难的情绪，管理者就要对于这样的消极想法进行引导，把员工引到"能做到"的积极方向上来。

很多企业里都有一种消极的谈话方式，表现为追究责任。在一件事情出了差错以后，管理者不是想办法找出事情出错的原因来帮助员工解决问题，而是责备员工、追究责任，那么只能带来消极影响。因为人都有保护自己的本能，管理者一旦开始追究责任，员工自然就会为自己找理由开脱，也就不再积极想办法解决问题。日本索尼公司的创始人盛田昭夫就曾经对下属说过：放手去做好认为对的事，即使犯了错误，也可以从中得到经验教训，不再犯同样的错误。

企业管理者要学会平等待人

企业管理者要学习平等待人的思想。要知道，沟通不是命令，只有摆事实、讲道理，才能赢得共鸣，而不能以势压人。即使遇到员工一时不能理解，也要学会换个角度，从对方的立场上加以开导。

日本著名企业索尼公司如今已是一个年销售额达到300亿美元的大型跨国公司，在索尼，员工和管理者之间完全平等，亲如一家。不管是管理人员还是普通工人，都穿同样的工作服，在同一个食堂吃饭，都有权利对企业的工作提出自己的看法和建议。在后来公司的规模扩大以后，盛田昭夫还是坚持与员工进行密切的接触。一次，盛田昭夫注意到一个工人闷闷不乐，便耐心地询问他原因。听说他是因为自己的意见得不到上司的注意而苦闷，盛田昭夫立即重视起来。后来，他们建立了内部职位流动的制度，并发行了一份内部刊物，及时通报各部门的工作情况。

管理者除了要树立平等待人的思想以外，还要为员工开辟多种渠道进行沟通。通过正式非正式的多种形式和多种方法进行沟通，不但有助于管理者传达自己的意图，还能够向员工传递出一种关爱、信任和激励的感情，打破组织冷冰冰的层级关系，营造出团结合作的氛围。在惠普公司，没有一间办公室是装有门的，包括首席行政官在内，所有的员工都可以用最简单和直接的方式进行相互间以及和上司之间的沟通交流，员工的任何问题都可以找到管理者进行沟通。

在沃尔玛公司，管理者同样采取多种方式和员工进行沟通，不管是普通的电话联系还是股东大会，都被他们看作是有效沟通的一种渠道。沃尔玛的所有业务指标都是对员工公开的，管理者知道的业务指标不会对员工保密。他们的管理者认为，要想让员工的工作取得最好的进展，就要让员工清楚自己的业务进展情况，这样，每一位员工都能够把自己的工作进展情况和公司的业绩指标联系起来，知道自己的工作对于公司整体目标的影响，也就增加了员工的责任感。其他和公司有关的事也会向员工公布，如商店的利润、进货和销售情况等，每一位员工都可以把自己的命运和公司的处境紧紧联系在一起。

这种多渠道的沟通方式，对员工的工作有着极大的促进作用，员工们从这样的沟通中感受到自己被尊重，受到了精神鼓舞，也增强了工作的责任感，必然会取得更佳的工作业绩，那些知名企业都把开辟多种沟通渠道当作是企业最重要的事。世界最大的通信、电子业跨国企业摩托罗拉公司为了实现公司与员工之间、高级管理人与普通员工之间的充分沟通，就开辟了多种沟通渠道，在它的"沟通宣传周"上，提出了多种沟通方式。其中有：

"我建议"，员工以书面形式提出自己对于公司管理工作的意见和改善建议。

"畅所欲言"，也就是一对一式的谈心谈话，在管理者和员工之间单独进行，内容保密。员工可以畅所欲言，表达自己对工作中问题的不满、建议和投诉。

"总经理座谈会"，总经理和员工之间定期举行的座谈，员工可以当场提出问题并要求答复，对于问题的结果会在接下来的一周内得到反馈。"创办杂志"，公司内部刊物《大家》、《移动之声》等杂志，内容包括公司的大事动态以及员工生活等。

"沟通对话会"，每年召开一次，高级管理人员把公司的经营情况、重大政策等介绍给员工，员工们还可以当场提出问题，由公司高级管理人员回答。

这些多种多样的沟通渠道，不仅促进了管理者和员工之间的沟通，减少了矛盾，体现了员工民主化，而且还调动了员工的工作积极性。

管理者除了要注重企业内部的沟通外，还要注重与外部的沟通。在当今这个开放的商业时代，企业所面临的不仅仅是客户、供应商等合作伙伴，还要和媒体、竞争对手、银行等多个部门打交道，如果关系处理不好，很可能导致不良后果。毛泽东和群众之间建立起良好的沟通就是为中国革命提供充足的物质基础和良好的外部环境。管理者和外部相关方面建立良好的沟通，则既能赢得客户的信任，又能够为企业创造良好的发展环境。管理者与公众建立良好沟通，就能够为企业赢得好口碑，获得公众的信任，从而保证自己的产品受到公众的欢迎。而和那些相关团体建立沟通，则能够在复杂的竞争环境中，获得政府的支持、社会的肯定和客户的认可，这对于企业发展来说，是一笔极大的财富和巨大的动力，便于企业顺利发展。

人 生 智 慧

◇企业管理者要注重沟通艺术。

◇无论是进行何种目的的沟通，管理者都要对员工以诚相待。

◇管理者除了要注重企业内部的沟通外，还要注重与外部的沟通。

选择员工，人尽其才

【聊天实录】

我：晏老先生，您对人尽其才有何高见？

晏子：我曾在《晏子春秋》提到：屈民财者不得其利，穷民利者不得其乐……昔者楚灵王做顷官，三年未息也。又为章华之台，五年又不息也。乾溪之役八年，百姓之力不足而息也。灵王死于乾溪，而民不与君归。

我：您这句话该如何解释呢？

晏子：这句话的意思就是：征尽民财的人，最终得不到利益；耗尽民力的人，最终得不到好处；从前楚灵王修建顷官，三年没有停止；又修建章华台，连续五年没有停止；楚国与吴国的乾溪之役打了八年，老百姓财尽力竭，再也承受不了繁重的徭役与兵役，于是自动罢工。后来楚灵王在乾溪自缢而死，民众不允许把他的尸体运回都城。

我：您的意思是说：在企业中，管理者选择了员工之后，就要给员工一个能够适合他们个人能力发展的位置，并给他们提供一个能够让他们发挥才能的机会和环境，这就需要管理者在一定程度上"放权"给员工。

晏子：是的，你说得很对。管理者要选择适合自己企业发展的员工，并且放权给他们。

企业要选择真正的聪明人

在企业里，管理者要选择那些对企业发展有利的员工，就要按照人才的能力高低和品质来进行选择，而不能只考虑自己的好恶，要做到任人唯贤，所以，管理者要有一定的胸襟，选择真正的聪明人。

要知道：人才往往个性独特，思维活跃，甚至会特立独行，锋芒毕露，这样的人领导起来会显得有一定困难。如果管理者担心选用这样的人才难以控制，甚至会"功高镇主"，自然是难以和那些真正的聪明人合作的。这样的管理者不但无法为企业的发展选用更好的人才，甚至会千方百计压制那些有想法、有创意的员工，不肯为他们提供更好的发展空间。要想更好的选人，管理者首先要在思想上对人才有充分的认识，不但要能够容下有才华的人，而且要和这些人更好的合作，为他们的发展扫清障碍，这样才能打破选拔人才是自私和功利的目的，给人才充分的尊重。

管理者选拔人才是要依照人才的能力高低和品质好坏来进行，而不是依照管理者个人的好恶和私利。能够招揽人才的管理者不但能为企业网罗了大量的精英人物，建立起企业发展的巨大能源库，而且还会向外传达出企业爱才若渴的信息，从而吸引更多的人才。美国的钢铁大王卡内基说：他本人并不是钢铁制造、钢铁生产工艺流程的大行家，他之所以能够取得这样的成绩是因为他网罗了300名精通此道的精兵强将。他并不认为自己比这些人才强，但是他善于发现这些聪明人，并且能够把这些能力比自己强的人聚集在自己的周围，因此取得了事业上的成功。

方太厨具在中国市场上可以说是声名显赫，而方太公司是一个典型的家族企业，这样的公司在用人上往往会犯的一个错误就是任人唯亲。但是方太的董事长茅理翔先生却能够跳出一般的私营企业都会面临的怪圈，成功地走出了独具特色的道路。他和其家族成员虽然掌握着企业的所有权，却能够在用人上实现任人唯贤。他把企业的经营权交由非家族人员支配，实现了管理上的社会化。方太公司70%以上的管理者是从外地引进的硕士生和本科生，为了能够避免决策过程中的片面性和局限性，方太和那些大权独揽的家族制企业不同的是，他们在董事会中同样吸取了一些非家族成员来共同参与企业的经营管理。这样任人唯贤的管理在方太这个家族制企业里避免了完全的家族化，从而为方太招揽了真正的对于企业发展有利的人才。

管理者对于人才的选拔还要注意选择那些能够胜任工作的人，而不是根据自己的好恶。因为在管理者的好恶影响下，容易选择出一些和管理者的思维方式一致的人，这些人不一定能够促进企业的发展。

为了找到真正能够促进企业发展的聪明人，管理者一定要有爱才之心，而不能嫉贤妒能。

美国福特公司总裁福特先生就是一个懂得和优秀人才合作的管理者，他为了让自己的企业能够更好地发展，在自己的身边聚集起了许许多多的聪明人。1923年，福特公司的一台大型电机发生故障，公司里所有的工程师进行了集体讨论，最终故障也没有解决。这时，有人推荐了一位工程师——移居美国的德国人斯特曼斯。斯特曼斯来到了福特公司，顺利解决了电机的故障。福特对斯特曼斯十分欣赏，当即付给他一万美元，并诚意邀请他来福特工作。斯特曼斯当时在一家小公司任职，但是他认为自己受到了所在公司的很好待遇，不愿离开。福特不愿意放弃这个人才，于是当即决定把斯特曼斯所在的整个公司买下来。仅仅为了一个人才，就买下了一家公司，可见福特对于人才的珍视。尽管福特的做法不一定值得效仿，但这种爱才之心却是每一个企业管理者都应该具备的。

管理者在选择员工时，还要注意自己的选择标准。员工既要有能够胜任工作的能力和专业技术，同时还要有很好的品德。在当今这个知识经济时代，企业发展越来越依赖于员工的知识技术和创意，在这种情况下，一个工作能力强但对企业缺乏诚信的员工对企业造成的影响远远大于一个工作能力稍逊但十分忠诚的员工。特别是那些掌握企业核心技术的高层职员，他们几乎掌握着企业生存和发展的命脉，对于这些人才，管理者在进行选择时更是要十分谨慎，员工的工作能力不能作为选用人才的唯一标准。

人尽其才，尽其所能

在很多企业里都有一些"管家婆"式的管理者，他们总认为自己是经验最丰富的，不相信员工能够独立工作，他们总是习惯事无巨细都要过问，对员工的工作管手管脚。但是我们要知道，如果员工的工作一点自主性也没有，只能按照管理者的意愿工作，员工的才能同样会被埋没。管理者只有摈弃这种管家婆式的做法，用人不疑，做好员工的"边线裁判"，才能让员工的责任感和自主意识得到更好的发挥。

员工的工作就像是一场马拉松比赛，在确定了起点、终点和比赛路径之后，管理者应该让员工按照自己的方式去跑，而不是代替他们，管理者的作用是掌握比赛规则和最终成绩，他们就应该当好裁判，而不是为员工提供详尽的工作方案。特别是那些思维自主性较强的员工，他们有自己的行事风格，更希望有一个能自主发挥的舞台，有一个能够发挥创造力的空间和环境。在他们看来，一个只是告诉他们需要"做什么"和达到什么目标的管理者才是一个很好的合作伙伴，至于"怎么做"，那是他们自己的事。一位心理学家说：对于创造者来说，最好的刺激是自由——有权决定做什么和怎么做。大多数人才往往就是这样的创造者。

在很多高科技企业里，没有高学历的员工往往难以得到提升，但是，华为企业集团不但提拔那些高学历的优秀人才，对于那些有过多年工作积累的工程师甚至读函大的高中生也同样给予提拔机会，这样不考理论而是重视实际工作能力的考核方法为华为带来许多人才，并能够激励所有员工不断进步。在华为，不但有工作7天就提升为高级工程师的人，还有19岁的高级工程师。即使那些较大的科研项目，华为也可以放心大胆地任用年轻人挂帅。在华为，曾经有年仅25岁的大学毕业生来领导500多人的中央研究部的事例。对于这件事，任正非的态度是：年龄小，压不垮，有了毛病，找来提醒提醒就改了。正是这种不受传统观念束缚，不论资排辈、不拘一格、放开手脚大胆任用的用人理念，使华为内部形成了奋勇向前、极具活力的氛围，给每一个员工都提供了很大的发展空间和成长机会。

德国的MBB公司是一家航空公司，与其他航空公司不同的是：他们实行灵活的上下班制度。不规定具体的上下班时间，只要员工在要求的时间内保质保量地完成工作任务就能够拿到薪金和奖金。上下班时间员工只要把自己的身份卡放进打卡器，就马上能够显示出该员工在本周已经工作了多少个小时。这种不规定员工什么时间做什么事，而是给出特定任务和完成期限的做法，给了员工最大的自主性。所有的工作过程都有员工自主决定，他们有自己的工作范围，可以独立处理自己权限范围内的任何事，不用请示汇报，公司以最终结果来衡量员工的工作。员工们感受到个人被最大程度的尊重，他们的责任感和主人翁意识不断提高，工作效率大有改进，企业也因此受益。这样的管理方式，管理者给了员工最大的自由空间，员工回报给了公司极大的努力，从而形成良性循环。

根据马斯洛的需求层次理论，当人的生存和安全的需要得到满足之后，他们就会进而追求赢得尊重和自我实现的需要，管理者对于优秀人才的使用就要注意这一点。这个时候，员工对于工作的要求已经不仅仅是报酬那么简单，他们要求在工作中有更大的发展空间，能够迎接更大的挑战，在最大限度内发挥自己的创造性。所以，管理者要适时给这些员工提供更具挑战性的工作，委以重任，并放手让员工去做。

美国通用汽车公司总经理斯隆曾经聘请著名的管理学家德鲁克担任他们的管理顾问，在德鲁克上班的第一天，斯隆就明确地告诉了他的工作职责，他是这么说的："我不知道我们要你研究什么，要你写什么，也不知道该得出什么结果，我唯一的要求就是希望你把你认为正确的东西写下来，你不必顾虑我们的反应，也不必怕我们不同意。尤其重要的是，你不必为了使你的建议为我们接受而调和和折中。在我们的公司里，人人都会调和和折中，不必劳驾你。你当然也可以调和和折中，但你必须告诉我们'正确'的是什么。"在一个不懂得放权的管理者看来，这样的工作职责一定是匪夷所思的。但是斯隆的这番话却明确地表明了他的授权原则。他们不会干涉智囊团人员的工作，也不会以任何形式把自己的意见强加给智囊团人员，不会因为个人意见而影响智囊人员的决定。管理者给智囊团人员一个宽松的环境，让他们为管理者的决策提供最充分全面的参考。

我国古代思想家荀子认为：君主的职责就是选择一个好宰相，这样宰相就可以率领百官朝着正确的方向努力，使得天下统一。管理者也要找到这样能够自主解决问题的员工，而不是事事替员工代劳，只有那些依赖性强的员工才会把管理者看作是解决问题的人，从而为管理者制造出一堆麻烦。而那些富有创造性的优秀员工会把管理者的放权看作是对自己最大的信任，从而提高他们对于企业的归属感。

特别是在现在这个市场环境瞬息万变的时代中，企业管理者权威式的领导往往使得决策不能够及时迅速的把握良机，v 如果员工事事都要请示汇报就很容易错失市场良机。美国达纳公司无论在怎样的市场环境下，都会给员工足够的自主性，让一线员工拥有解决问题的权力。它的管理者麦雯逊说："我们不把时间浪费在愚蠢的举动上。我们没有种种程序手续，没有大批的行政人员。"在这样复杂多变的市场环境下，在一个企业中，最重要的人就是那些提供服务、创造和增加产品价值的人，就是员工。企业应根据每个人的需要、每个人的志愿和每个人的成绩，让每个人都有所作为，让每个人都有足够的时间去尽其所能。

人生智慧

◇管理者要有一定的胸襟，选择真正的聪明人。

◇管理者要适时给这些员工提供更具挑战性的工作，委以重任，并放手让员工去做。

◇让每个人都有足够的时间去尽其所能。

第一章

晏子与我聊职场用人之道

"举贤任能，远离谗佞"，晏子多次谈到亲近和任用谗佞之人会对国家造成极大的危害性。作为统治者，要远离谗佞谄谀之人，任用贤者，而作为领导者，更应该要做到这一点。

懂得选才，合理用人

我：晏老先生，您对合理用人有何高见？

晏子：我曾在《晏子春秋》提到：夫藏大不诚于中者，必谨小诚于外，以成其大不诚。入则求君之嗜欲能顺之，君怨良臣，则具其往失而益之，出则行威以取富。夫何密近，不为大利变，而务与君至义者，此难得其知也。

我：您这句话该如何解释呢？

晏子：这句话的意思就是：那些内心藏着大不忠诚的人，必定谨慎地处处表现小忠诚，以此最终实现他们大不忠诚的目的。他们在朝廷内刻意摸求君王的嗜欲而时时表现顺从，一旦发现君王怨恨某良臣，他们就会搜罗良臣以往各种失误，以增加君王的怨恨。走出朝廷，他们就会倚仗君王威名而索取财富。哪里有与君王关系密近却不为大利所动、反而与君王一道努力去行义的呢？这些佞人谀夫是很难了解的。

我：您的意思是说：人司百业，才能必各有长短，量才而用，扬长避短，才能保证各业处于尖端领先地位。好的领导不仅要能找到有才能的员工，还要在用人方面做到扬长避短。

晏子：是的，你说得很对。谄谀不迩乎左右，阿党不治乎本朝。任人之长，不强其短；任人之工，不强其拙，此任人之大略也。

【解读】 君子小人，有迹可循

李勉是唐朝人，从小喜欢读书，并且希望注意按照书上的要求去做。时间长了，就养成了习惯，培养出了诚信儒雅的君子风度。

他虽然家境贫寒，但从不贪取不义之财。

有一次，他出外学习，住在一家旅馆里，正好遇到一个准备进京赶考的书生，也住在那里。两人一见如故，于是经常在一起谈古论今，讨论学问，成了好朋友。

有一天，这位书生突然生病，卧床不起。李勉连忙为他请来郎中，并且按照郎中的吩咐帮他煎药，照看着他按时服药。一连好多天，李勉都细心照顾着病人的起居饮食等日常生活。可是，那位书生的病不但没有好转，反而一天天地恶化下去了。看着日渐虚弱的朋友，李勉非常着急，经常到附近的百姓家里寻找民间药方，并且常常一个人跑到山上去挖药店里买不到的草药。

一天傍晚，李勉挖药回来，先到朋友的房间，看见书生气色似乎好了一些，他心中一阵欢喜，关切地凑到床前问："哥哥，感觉可好一些？"

书生说："我想，我剩下的时间不多了，这可能是回光返照，临终前兄弟还有一事相求。"

李勉连忙安慰道："哥哥别胡思乱想，今天你的气色不是好多了吗？只要静心休养，不久就会好的，哥哥不必客气，有事请讲。"

书生说："把我床下的小木箱拿出来，帮我打开。"

李勉按照吩咐做了。

书生指着里面一个包袱说："这些日子，多亏你无微不至的照顾。这是一百两银子，本是赶考用的盘缠，现在用不着了。我死后，麻烦你用部分银子替我筹办棺木，将我安葬，其余的都奉送给你，算我的一点心意，请千万要收下，不然的话兄弟我到九泉之下也不会安宁的。"

李勉为了使书生安心，只好答应收下银子。

第二天清晨，书生真的去世了。李勉遵照他的遗愿，买来棺木，精心为他料理后事。剩下了许多银子，李勉一点也没有动用，而是仔细包好，悄悄地放在棺木里。

不久，书生的家属接到李勉报丧的书信后赶到客栈。他们移开棺木后，发现了陪葬的银子，都很吃惊。了解到银子的来历后，大家都被李勉的诚实守信不贪财的高尚品行所感动。

后来李勉在朝廷做了大官，仍然廉洁自律，诚信自守，深受百姓的爱戴，在文武百官中也是德高望重。

毋庸置疑，李勉是一个君子，在他的身上，我们似乎看到了千百年来，正义、善良因君子之为而生，和平、美好、真缘君子风范凛然伫立于地。所以，做人应不屑于名与利，遵循道义行事。

而小人呢？小人的眼睛牢牢地盯着周围的大小利益，随时准备占点便宜，为此甚至不惜一切代价准备用各种手段来算计别人，真是让人防不胜防。

小人总作君子状。君子本是品格高尚，道德、学问极高之人，且足以为民众之表率。但是有的人却与之不同，他表面伪装得一副道貌岸然、清高的模样，暗地里却做着违反常伦、伤天害理、阴险狡诈的事情，这样的小人，一定要远离。

东汉末年，刘备和许汜闲谈，谈到徐州的陈登时，许汜说："陈登文化教养太低，不可结交。"

"你有根据吗？"刘备感到惊异。

"当然有，"许汜说："头几年，我去拜访他，谁想他一点诚意也没有，不但不理人，而且天天让我睡在房角的小床上。"

刘备笑着说："他这样做是对的，你在外边的名气大，人们对你的要求也就高了。当今之世，兵荒马乱，百姓受尽了苦。你不关心这些，只打听谁家卖肥田，谁家卖好屋，尽想捞便宜。陈登最看不起这样的人，他怎么会同你讲心里话？让你睡小床，还算优待哩。若是我，就让你睡在湿地上，连床板也不给的。"

小人，更不会心软，一类是为了日后的野心，深深藏起自己的狐狸尾巴，极尽奉承之能事，以讨主子欢心的人；一类是为了投靠新主子，可以毫不手软地提着旧主子的脑袋去向新主子讨赏的人。

咸丰十一年，曾国藩的得力干将李金炀兵败，落入太平军手中，他的一个部将张光照逃了回来，向曾国藩报告说李金炀投降了太平军。曾国藩半信半疑，在给李鸿章的信里写道："李金炀从贼，狼子野心似无足怪。唯专凭张光照一人供词，则不足据。凡败而先逃者，每好造言诬人，尚当确查。"李金炀的确没有叛变，他被太平军俘获后，争取留下性命，乘机逃了出来。

但李金炀回来后，曾国藩并没有手下留情，他认为李金炀作为主将，战败后没有殉国，就该处以死刑。同时，曾国藩还下令处死了张光照，他认为这个诬陷自己上司的小人，更是罪无可恕。正是对身边小人的提防处罚，使得曾国藩手下将领无不忠心耿耿，最终助他取得功业。

君子与小人是有很大区别的，虽然是小人同时有很精明，很会隐藏自己，但也不是没有踪迹可循。只要领导者平时注意观察，不要听信小人的谗言媚语，始终保持着一双明亮的双眼去识人，只有找到真正的人才才能助你事业上的成功。

用人有道，扬长避短

美国著名管理学家杜拉克指出："有效管理者的择人任事和升迁，都是以一个人能做些什么为基础的，所以，他的用人决策不在于如何减少人的短处，而在于如何发挥人的长处。"是的，合理使用人才，还要包容人才的短处。人非圣贤，孰能无过？人才也是人，当然更不会例外了。如果认为人才就不会有过错，那可是糊涂认识。如果认为人才有过错就不能用，那更是糊涂了。我们常说知人善用，知在什么地方？就是要知其长处与短处，知道

杜拉克

每个人的特点。善在什么地方？善在正确对待其过错，善在能够运用其长处，把握不住这一点，知人善用也就无从谈起。

三国时期的张飞，是个人人都熟悉的名将，但其短处却随处可见：脾气暴躁，不分青红皂白，打骂士兵，恶待下属。有时甚至乱杀无辜，酗酒闹事，惹是生非，搞得人人不得安宁。但刘备能用其大节，抑其小节，谁也不能否认张飞是一代名将。

想做一名优秀的管理者，就要始终保持一颗平静之心、宽容之心，用实际行动来证明我们的优秀。深入了解下属，合理任用人才，才能打造一个一流的组织。

想要做到扬长避短用人，就要先学会识人的长短，全面知人。

识人用人的第一着眼点是人才的长处，而非短处。正如管理专家杜克拉所说：一个聪明的经理人审查候选人绝不会首先看他的缺点，至关紧要的是看他完成任务的能力。

如果先看一个人才的长处，就能使他们充分施展才能，实现他的价值，而先看到一个人的短处，就可能使他的长处也无用武之地。

《水浒传》里面的时迁，论才能，他就是一个小偷，这是他的缺点，所以初上梁山时，他差点被宋江砍了脑袋。

但是，时迁在偷鸡摸狗的缺点之上却有飞檐走壁的长处。后来，梁山好汉与高俅开战，吃了连环马的大亏，幸亏时迁盗取了徐宁的祖传宝物，顺便也骗得徐宁上山，才帮助梁山好汉获取了胜利。

现代领导管理人才时切忌用人混乱，走入管理误区。

如果让刚强粗心的人去做细致的工作，很可能收不到好的效果；没有远见，见解浅薄的人让他当小员工，不能委以重任；性格拖沓柔和的员工不能独立解决问题，不能让他独当一面。

人各有所长，亦各有所短，只要扬长避短，天下便没有不可用之人。管理者用人，要遵循用其所长、避其所短和代短为长的原则，一味盯着下属的短处，必不能放心用人。高明的管理者，善于挖掘下属的优点，激发他们的才智，为己所用。

如果从人的长处着眼，为使用对象提供和创造良好的条件，让他的长处得到充分的发挥，那么，其日益增长的优势，就会减少劣势所可能带来的影响，或者填补短处的缺陷，进而实现其自身价值；如果从人的短处着眼，用人的短处而不用人的长处，就会使人的长处被其短处所排斥和否定，不能充分发挥作用，甚至断送这个人的前程。因此，看人应首先看他能胜任什么工作，而不是绞尽脑汁挑其毛病。

香港长江实业集团董事局主席李嘉诚曾谈起他的用人之道："我的公司取名长江，就是基于长江不择细流的道理。因为你要有这样的胸襟，然后才可以容纳细流——没有小的支流，又怎能成为长江？这便是古人说的'有容乃大'的道理。假如没有那么多人替我办事，我就算有三头六臂，也没有办法应付那么多事情，所以，成就事业最关键的是，要有人能够帮助你，乐意跟你工作，这是我的哲学。"

大多数人都会有长处，也有短处，应该让其各尽所能，各得所需。李嘉诚曾生动地比喻自己的作用就如战场上的主帅，在战场上，每个战斗单位都有其作用，而主帅未必对每一种武器的操作都比士兵纯熟。但最重要的是，主帅应十分清楚每种武器及每个下属所能发挥的作用。主帅只有明白整个局面，才能出色地领导和指挥下属，使他们充分发挥长处，并取得最好的效果。

李嘉诚广罗天下人才，以诚待人，而正是他身边的一批精英人物，辅佐他成就了大业。在总结用人心得时，李嘉诚曾形象地说："大部分的人都会有部分长处和部分短处，好像大象食量以斗计，蚂蚁一小勺便足够。又像一部机器，假如主要的机件需要用五百匹马力去发动，虽然半匹马力与五百匹相比是小得多，但也能发挥其一部分作用。"

仅凭自己的一己之力，能做的事情毕竟有限，即使一个才能出众的人，也无法胜任所有的工作。唯有知人善任的管理者，懂得如何善加使用各种人才，使其发挥自身长处，为己所用，才可共同完成超过自己能力的事情，才能在事业上有一番作为。

在用人所长的同时，还要能容其所短。短处包括两个方面：一是人本身素质中的不擅长之处，二是人所犯的某些过错。在完成任务的过程中，由于种种意想不到的原因，受命者没有很好地完成任务，或出现了失误，这些都是常有的事，管理者不必大惊小怪。对下属的过失，管理者要做客观分析，帮助其认真总结经验教训，避免再犯同类错误，这样才能感动下属，使他们产生有负管理者重托之感，谨慎做好以后的工作。

每个人都有缺点、瑕疵，领导者用人的要诀之一，就是发挥人们的长处，而不是寻找十全十美的"完人"。如果不能见人之长、用人之长，而是念念不忘其短，势必会产生歧视人、压制人的现象。

当今社会，人才辈出，无论是多么精明强干的人才，都有弱点和错误，都有弱项。宽容人才一些非原则性错误，给他们一个广阔的发展空间，就能收到人尽其才、才尽其用的效果。所以说，用人才要量才而用，扬长避短，这样我们才能打造出钢铁一般的、尽善尽美般的团队。

人 生 智 慧

◇合理使用人才，还要包容人才的短处。

◇深入了解下属，合理任用人才，才能打造一个一流的组织。

◇在用人所长的同时，还要能容其所短。

求贤若渴，举贤任能

【聊天实录】

我：晏老先生，您对举贤任能有何高见？

晏子：我曾在《晏子春秋》提到：通则视其所举，穷则视其所不为；富则视其所分，贫则视其所不取。夫上士难进而易退也，其次易进易退也，其下易进难退也。以此数物者取人，其可乎！

我：您这句话该如何解释呢？

晏子：这句话的意思就是：通达显赫的人，看他推举提拔什么人；穷愁落难的人，看他不去做什么；富有多财的人，看他财产怎么处置；贫困无财的人，看他不去要什么。上等的官员受任不易而辞官轻松，中等的官员受任容易而辞官也轻松，下等的官员能上不能下，上任高兴而辞官不高兴。以这几个标准考察人，大概可以了吧！

我：您的意思是说：考察一个人，一是要在关键时刻、变化时刻、特殊时刻，二是要注意看本质，不被表面现象所迷惑。

晏子：是的，你说得很对。举之以语，考之以事，能谕则尚而亲之，近而勿辱。以取人，则得贤之道也。

【解读】 ❧ **细心观察，认真识人** ❧

贤者应该能说能做、有才干而又懂礼仪，这是晏子提出的标准。访求贤人，有很多种方法。访求者（领导者）本身必须明察、公正而无偏私，听其言，观其行，是识别人才时常用的方法之一。因为有些人虽然是语言的巨人，但却是行动的矮子，"只打雷，不下雨"，或者是"雷声大，雨点小"。要想全面公正地考察人才、选拔人才，不仅要听其言，更要观其行。千里马虽在，但不是伯乐就不能识别。真有求贤之心，就要有求贤之法、选贤之道。

判断人才一定要靠自己，通过自己的细心观察其言行识人，而不可通过别人的意见或者表面上的东西来判断用人，否则必然会铸成大错，曾国藩就是一个善于以细心观察其言行识人的伯乐。

李鸿章的淮军网络了不少猛将，有一次，李鸿章想让曾国藩给他们相面，看看他们的潜力。

曾国藩在李鸿章的陪同下悄然来到淮军宿营地对诸将领进行观察，但曾国藩连话都没与这些人交谈，心中便已经判断的八九不离十了。史料中是这样记载的："所来淮军诸名人，有赌拳猜酒者，有倚案看书者，有放声高歌者，有默坐无言者。南窗一人，裸腹踞坐，左手持书，右手持酒，朗诵一篇，饮酒一盏，长啸绕座，还读我书，大有旁若无人之概。视其书，司马迁《史记》也。曾帅归语鸿章曰："诸人皆可立大功、任大事，将来成就最大着，南窗裸腹持酒人也。"这个人，就是刘铭传。

还有一个说法，是在"剿捻"期间，关于谁能担任前敌指挥——指挥游击之师，李鸿章"琢磨"不定，向曾国藩推荐了刘铭传和其他两名将领请他定夺。不巧曾国藩散步去了，李鸿章示意那三个人在厅外等候。不久，曾国藩散步回来。李鸿章说明来意，请曾国藩考察那三个人。曾国藩说："不必了，面向门厅、站在左边的那位忠厚老实，办事小心，让人放心，可派他做后勤供应一类的工作；中间那位是个阳奉阴违、两面三刀的人，不值得信任，只宜分派一些无足轻重的工作，担不得大任；右边那位是个将才，可独当一面，将来作为不小，应予重用。"

李鸿章很吃惊，问："还没用他们，您是如何看出来的呢？"曾国藩笑着说："刚才散步回来，见厅外有三个人。走过他们身边时，左边那个低头不敢仰视，可见是位老实、小心谨慎的人，因此适合做后勤供应一类只需踏实、无须多少开创精神和机变的事情。中间那位，表面上恭恭敬敬，可等我走过之后，就左顾右盼，可见是个阳奉阴违的人，因此不可重用。右边那位，始终挺拔而立，如一根栋梁，双目正视前方，不卑不亢，是一位大将之才(即是刘铭传)。"

程学启战死后，刘铭传是淮军当之无愧的第一名将，也是李鸿章的看家之宝，曾国藩发现的这一个人才，从某种意义上来说，也成就了李鸿章的事业。

后来太平军的势力越来越大，清政府所依赖的八旗兵和绿营兵战斗力很差，于是寄希望于各地组织的"团练"，刘铭传这几百人的队伍很自然成为当地办团练者拉拢的对象。

同治元年(1862年)，刘铭传率所部加入李鸿章的淮军，这支队伍号称"铭字营"，与淮军中的其他队伍一样，"铭字营"也是依靠宗族关系组织起来的。在这支队伍中，刘铭传职位最高，辈分也最高，这种既是长官又是长辈的关系，使得他更容易驱使部下。在参与镇压太平军的战争中，刘铭传受到李鸿章重用，迁升很快，由千总、都司，很快提升为总兵。29岁就擢升为直隶提督，成为淮军名将。他的"铭字营"此时也成为"铭军"，分左中右三军18个营。

1865年(同治四年)，随曾国藩镇压捻军，驻河南，连站于瓦店、扶沟等地，升直隶提督。又援湖北，陷黄陂，战颖州(今阜阳)，当时捻军以马队为主，刘铭传平原追击不能得手，向曾国藩建议筑长墙为堵，曾遂命令自河南至同东运河，筑起长墙。刘铭传将东捻围困于山东，是年秋，刘铭传设法收买捻军叛徒为内应，枪杀任柱，捻军溃散。赖文光退至扬州被俘，东捻失败。清廷论刘铭传为"首功"，赐三等轻车都尉世职，刘铭传以伤病请假，回乡休养。

曾国藩去世后，中法战争爆发，法军首先侵略越南北方，又派海军中将孤罢率领远东舰队侵入中国东南沿海，企图侵占台湾为质，迫使清政府屈服。4月，清廷急诏刘铭传进京，授以巡抚衔督办台湾军务。刘铭传上《海防十策》奏折，被采纳，遂赴台抗法，取得最后胜利。1885年(光绪十一年)10月，台湾建省，刘铭传成为台湾第一巡抚。

学会变通，举贤任能

顺治十八年正月，清世祖福临因患天花去世，遗诏指定八岁的皇三子爱新觉罗·玄烨为帝(康熙帝)，并从上三旗中选任四名亲信大臣索尼、苏克萨哈、遏必隆、鳌拜为辅臣，辅助幼帝，佐理政务，至此，鳌拜以排列第四的位次正式跨入清朝领导核心层。

鳌拜早期就与内大臣费扬古有仇隙，费扬古之子倭赫为御前侍卫，与其他侍卫对四辅甚不礼敬。于是鳌拜抓住倭赫等人擅自骑乘御马，又使用御弓射鹿的僭礼之罪，将之弃市。费扬古说了几句抱怨的话，于是连坐，并将其子尼侃、萨哈连一起杀死，抄没家产给鳌拜之弟穆里玛，执政初期的鳌拜已染上了多尔衮的"顺我者昌，逆我者亡"的恶习。

居辅政四大臣之首的索尼为四朝元老，深受孝庄皇太后的信任与赏识，鳌拜自知无论功劳和声望均为不及。遏必隆与鳌拜同属一旗，又与之交好，遇事同进同退。唯有苏克萨哈，以一等男加一云骑尉之低爵，班次竟居第二，一旦索尼归天，有可能依次递补，代替索尼总揽大权。另外，黄旗与白旗间宿怨极深，两人遇事常争吵不休。鳌拜利用黄白旗旧有矛盾，发动了圈地事件，以打击苏克萨哈。

圈地事件的胜利，使鳌拜野心急剧膨胀，他开始广植党羽，打击异己，疯狂地攫取权力。康熙六年六月，索尼去世，鳌拜从辅政四臣中一跃为首位。七月，康熙亲政，升鳌拜一等公。鳌拜更加专横恣肆，手下人占军政要职不下二十余人。

若要他毁灭，必先让他疯狂。正白旗辅臣苏克萨哈本与鳌拜有隙，在圈地事件杀苏纳海时又得罪鳌拜，见鳌拜势力日盛，便奏请为先帝守陵，一则可避鳌拜锋芒，以全余生，二则试图以自己退隐的行动迫使鳌拜、遏必隆相应辞职交权。但皇帝毕竟年轻，不理解苏克萨哈的困境和苦心，见他突然申请守陵，便派人询问原因。鳌拜趁机假传圣旨指责苏克萨哈，并操纵议政王大臣会议，颠倒黑白，给他编造"不欲归政"等二十四条大罪，拟将苏克萨哈及其长子内大臣查克旦处以磔刑，余子六人，孙子一人，兄弟之子二人，同旗旗人统领白尔赫图、侍卫额尔得等一律处斩。康熙这才知道鳌拜等人与苏的仇怨，坚持不允所请。鳌拜原本武人出身，性格暴烈，又欺康熙年幼，疾言厉色，挥臂向前，连日强辩。康熙到底是个孩子，被吓得胆战心惊，被迫同意了鳌拜的要求，只将苏克萨哈的磔刑改为绞刑，其余均按原议行刑，至此，鳌拜专权已至巅峰，康熙渐感无法容忍。

害死苏克萨哈后，鳌拜更加肆无忌惮，为所欲为，班行章奏，自列首位。康熙虽已亲政，但鳌拜党羽遍布朝廷各个部门，六大部几乎全是他的人，实权全在鳌拜手中。每有大小事，如任免官员，实施政策等，都先到鳌拜家中议定，再通知康熙实行。每次上朝议事，动辄高声呵斥廷臣，而且主意一定，非得让康熙屈从己意。如其党羽马迩赛死，康熙明令不准赐谥，鳌拜竟不遵行，仍然赐谥。

鳌拜集团的存在，成为对皇权的严重威胁，也引起了一些正直的满汉大臣的忧虑。康熙七年九月，内秘书院侍读熊赐履上疏说："朝廷积习未除，国计隐忧可虑。"并引用宋儒程颐"天下治乱系宰相"一语，点明鳌拜对国家的危害。康熙为麻痹鳌拜，便假意下旨斥责，并说要给予处分，暗地里却开始布下捉拿鳌拜的罗网。

最后，在康熙紧锣密鼓的布置下，不可一世的鳌拜束手就擒。鳌拜并非天生的恶人，也不一定生来就骄横，只是在依靠个人能力取得骄人的功绩，手里有了权力之后，便目中无人起来。因能而功，因功而骄，因骄而败，没有几个人能够走得出这个历史的怪圈，因此说，这种人才也不可重用。

英国有一位青年男子叫鲁克。他每天清晨4点钟就到马房工作，当一个薪酬25美元的马夫，他的工作包括清除跑道、铲除马粪、替马梳洗等各种杂事。

很多人问他为什么要做这种小事，他的答复是他喜欢马，也热爱这份工作，希望做驯马师。为了熟悉马的习性，他必须从头学起，于是，他首先到一家赛马场应征，希望获得一份遛马的工作。而上天也很眷顾他，让他如愿以偿地得到了这份工作。几个月之后，他成为负责替马梳洗整理的马夫，这项工作一直做到现在。

鲁克对自己的工作满意极了，满怀感激地投入每一项事情当中，他似乎一点儿也不急于成为驯马师，他认为该学的东西很多很多。

事实上，他已对如何驯马颇有心得，他进赛马场不久，就买下了一匹纯种马，这马儿已经为他赢得了30万美元。从前他替别人照顾马匹，如今则是一心一意照顾自己的宝马，他还专门聘请了驯马师为他驯马。鲁克当马夫仅仅是因为喜欢马，但是他懂得把感恩的心融入工作中，带着激情工作，因此也给自己带来了财富。

事实证明：如果一个员工能够不计报酬，任劳任怨，努力工作，会有助于企业摆脱不利的环境，使企业无往而不胜。这样的人才，正是企业所要的。

人 生 智 慧

◇贤者应该能说能做、有才干而又懂礼仪。

◇听其言，观其行，是识别人才时常用的方法之一。

◇千里马虽在，不是伯乐就不能识别。

量才用人，赏罚分明

【聊天实录】

我：晏老先生，您对赏罚分明有何高见？

晏子：我曾在《晏子春秋》提到：以刑罚自防者，劝乎为非；以赏誉自劝者，惰乎为善。上离德行，民轻赏罚，失所以为国矣。

我：您这句话该如何解释呢？

晏子：这句话的意思就是：用刑罚自律不去做坏事的人，会因刑罚不公正而也去做坏事了；以赏誉勉励自己做好事的人，也会因为赏誉不公而懒得再去做好事。上面背离德行，民众看轻赏罚，这就失掉了治理国家的方法，国将不国了。

我：您的意思是说：赏罚分明，体现了褒扬贬抑，指示了人们行动的方向，强化正当的进取，弱化错误的选择。赏罚分明，给人以精神上的满足或抑制，它通过奖赏，肯定了员工的劳动价值乃至人生价值；通过惩罚，否定了一些错误行为和消极因素。

晏子：是的，你说得很对。惩罚与奖励，是领导者在工作中常用的两件利器。

【解读】　　　　选拔人才，量才而用

古人曾经把立德、立功、立言称为三不朽。曾国藩认为，在这三不朽中，立德是最难的，而且也是最空的，所以自从先秦两汉以来，很少见到因立德而传下美名的人，但是曾国藩仍然坚持立德为上的人生准则。

品德是衡量人才的重要尺度，选拔人才，必须审察他的品德。若其品德好，才可以任用。大道似水，德则似器。人体因道之制御，而呈现出生命和智慧这种德的效应。从这个角度来看，品德就是人的意识场所呈现的场势状态。作为个体的人要在这个整体系统内生存、发展，就必须受到制约、统御，循道而行。只有循道的意识、修养、行为，才是有德的。以中为度，是人的品德的最高准则。人才的另一个重要条件是才，只有德才兼备，才称得上大才、真才。

战国时期，诸侯纷争，各国谋划起用最优秀的人才为将为相，因此推荐贤才也成了各诸侯要求臣下的一个重要任务。

魏文侯是当时一个颇有作为的君主，他礼贤下士，仁厚待民，所以魏国的国势非常强盛。魏文侯想任用一个人担任他的丞相，但他的臣子中优秀能干的人非常多，特别是魏成子与翟璜，无论才智能力都超出众人，而互相出于伯仲之间。魏文侯很为难，不知该选用哪一位，就去请教以公平著称的李克。

魏文侯对李克说："先生曾经教导我说：'家里贫困时，就想有个贤惠的妻子；国家混乱时，就想有个贤良的丞相。'如今我想在魏成子和翟璜中间挑一位做丞相，您看他们二人相比如何？"

魏文侯

李克先是推让说："我听说地位低的人不谋划高职位的事，关系疏的人不干涉亲戚间的事，我不了解朝中大事，恐怕担当不起这个责任。"

魏文侯忙说："事到临头，请先生不要推诿。"李克这才缓缓说道："君王难以选择是因为没有仔细考察过他们俩呀！您想想他们的行为：平时和什么人亲近，富贵时要求过什么，居高位时推荐过什么人，落魄时又坚持不肯干什么，贫穷时又弃什么而不取。考察这五种情况，您就足以把人选定下来了，哪里还要我来多嘴多舌呢？"

魏文侯一听，恍然大悟，说："先生，真是有劳您了，我的丞相已经定好了。"

李克从王宫出来后，顺便到了翟璜家里，翟璜急切地问他："我听说国君今天召您去选定丞相，请问选的是谁呢？"

李克说："选定魏成子为相。"翟璜顿时愤愤不平起来，面有怒色地说："就我们所见到所听到的情况看，我哪一点儿比魏成子差呢？西河的太守，是我推荐的；君王因为邺难以治理而忧愁，我向他推荐了西门豹；君王想攻打中山国，我向他推荐了乐羊；攻下中山国后，没人治理，我又把您推荐给了他；太子没有老师，我向他推荐了屈侯鲋，我到底哪一点不如魏成子？"

李克平静地向翟璜说："原来先生推荐人才，就是想以此来谋取官位吗？"

他接着把刚才与魏文侯商量的情况向翟璜复述了一遍，然后说："您哪里可和魏成子相比呢？魏成子有千钟粟的俸禄，但他把十分之九花在国事上，只有十分之一留给自己生活，所以他推举了卜子夏、田子方、段干木三人。这三人，君王都把他们当老师看待，而您所推荐的我们五个人，都只不过是君王的臣子罢了，您又怎么能与魏成子相比呢？"

翟璜听了李克的分析，才意识到自己的差距，同时更为李克的公正而折服，于是满面愧色，向李克拜了两拜，说："我真是个粗鄙的人，承蒙您的教导，我以后愿意多多跟您学习。"

从李克秉公选良相的故事中，我们可以发现：领导者一定要有一双慧眼，提拔可以重用的人。

重用，确切地说是一种带有战略性的用人抉择。被重用人的品格与素质的高低，往往决定着整个企业的业绩。领导者重用的人是否恰当，通常会对事业的发展产生极其重要和深远的影响。作为当代的领导，不仅应重视人才的德，还应该量才录用。

一个人的能力是可以培养的，可无德的人对于企业的危害却是很大的，不管是跳槽后对原公司进行重伤，还是自立门户成为其竞争对手，或者是出卖公司给竞争对手，后果都相当可怕，换言之，就是知道得越多对企业的危害就越大。

有的人本身很有才能，可是在品德上不行，为了一己私利就会抛弃君臣大义，这样的人，即使再有才能也是佞才。

李斯，本来是楚国人，是秦代著名政治家，在我国历史上声名显赫，功绩卓著。他年轻时曾拜名师，潜心学习过帝王之术、治国之道。学业完成以后，他分析了当时的形势，认为"楚国不足事，而六国皆弱"，唯有秦国具备统一天下，创立帝业的条件，于是他决定到秦国去施展自己的才能与抱负。秦始皇对李斯的才能很赏识，非常信任他，并且重用了他。

在秦始皇在位期间，李斯凭借卓越的才能为秦朝的建立立下了汗马功劳。公元前210年，秦始皇驾崩，唯利是图的李斯为保全自己的既得利益，便附和赵高伪造遗诏，逼死了文武双全的太子扶苏，立了秦始皇少子胡亥为帝，而胡亥没有治国之才，致使秦朝短短二世就亡国了。

如果秦始皇重用的是一个以国家为重的忠臣，那么秦朝的伟业就不会毁于一旦了。

司马光在《资治通鉴》里分析智伯无德而亡时写道："才德全尽谓之圣人，

才德兼亡谓之愚人，德胜才谓之君子，才胜德谓之小人。"这句话写出了品德不好的人的危险性，因为不知什么时候他就可能会造成危害。所以，对领导者来说，一定要选择德才兼备的人，量才而用，德禄相称，才能积极有效地推动事业的发展。

✒ 不带感情，赏罚分明 ✒

"在法律面前人人平等，在纪律面前一视同仁"。以这样的原则来用人，领导者不因个人情感而行赏罚，赏罚分明，就会事半功倍。

曹操的领导之道虽有多种，而赏罚分明得当，始终为重要方法之一。

曹操历来坚持有功就赏，有罪就罚，一视同仁，不分贵贱。汉末十八路诸侯共讨董卓时，董卓勇将华雄连斩联军数员大将，诸侯中无人可敌。此时，尚为平原县令刘备手下一名马弓手的关羽挺身请战。袁术当即怒斥，命人赶出。而曹操却说："此人既出大言，必有勇略，试教出马，如其不胜，责之未迟。"结果，关羽片刻间便提华雄头进帐报功，接着，张飞鼓动诸侯乘势进兵杀入关中以活捉董卓，袁术仍怒喝："量一县令手下小卒，安敢在此耀武扬威!都赶出帐去!"此时，曹操再次反驳说："得功者赏，何计贵贱!"

曹操动用赏罚手段时，往往赏多于罚。部下只要有功，必给相应奖赏，而且针对不同的人、不同情况给予不同的奖励。曹操在庆贺铜雀台建成时，进行比武活动，为了增加喜庆气氛，竟设法搞了一次人人获胜、人人有份的物质奖励。在与李催交战中，许褚连斩二将，曹操即手抚许褚之背，把他比作刘邦手下的猛将，激动地称赞说："子真吾之樊哙也!"当荀彧投曹后，曹操见其才华出众，当即把他比作刘邦手下的谋士张良，高度赞誉说："此吾之子房也!"一次，在与关羽交战中，徐晃孤军深入重围，不仅获胜，且军容整齐而归，秩序井然，曹操当即把他比作汉朝的名将，大加赞赏地说："徐将军真有周亚夫之风矣!"曹操引用历史上杰出人物作比，对部下及时给予高度评价，这种精神鼓励，实际上超过任何物质奖励的作用。

曹操特别重视奖惩手段的诱导教育作用，这不仅表现在对待自己部下，也表现在他对于敌对营垒将士的处置方法上。曹操特别敬佩关羽"事主不忘本"的忠义精神，当关羽得知刘备下落，立即封金留书而去，曹操则对部下说："不忘旧主，来去明白，真丈夫也!汝等皆当效之。"袁绍谋士沮授被俘后，明确表示不肯投降，曹操越发以礼相待，后沮授盗马私逃，操怒而斩之，沮授临刑而神色不变，操则后悔地说："吾误杀忠义之士也!"命以礼厚葬，并亲笔题墓碑："忠烈沮君之墓。"与此相反，对卖主求荣者，曹操则一向深恶痛绝。曹操部下侍郎黄奎与马腾勾结欲刺杀曹操，与黄奎之妾私通的苗泽向曹操告密，使操擒获了黄奎和马腾，曹操不仅不赏赐苗泽，却认为苗泽为得到一个妇人，竟害了姐夫一家，说："留此不义之人何用!"终将苗泽与黄奎之妾一并斩首。

奖惩自身并非目的。受奖者，励其用命之忠，使之感恩戴德，更加效力于己;受惩者，责其背义之行，臭名披露，用以警戒部下深思，这可谓曹操用人的独到之处。总观蜀、魏、吴三国，虽各有杰才，但以魏国人才最多，集拢在曹操手下的谋臣不胜枚举，而且这些人，一旦投到曹操手下，便不仅能够各逞其才，而且皆能死命效力，少有叛变离心者。

惩罚和奖励的目的都是为使员工更努力地工作，但有时候，由于某些制度或程序的障碍，造成所需要的行为与所惩罚或所奖励的行为之间不一致，因此也无法达到最初目的。

小黄想请3天假陪家人去郊游，但他的老板没有批准，因为部门最近的工作很紧张，工人们每天都要加班，连星期六也不能休息。有一天，这位保持最高迟到纪录的小黄又晚到了30分钟，老板对此十分生气，警告他："如果你再迟到一次，我将让你停职3天并扣除工资。"大家猜第二天谁迟到了? 还是小黄!小黄听到这一警告，为这一难得的机会而沾沾自喜，他终于可以实现自己郊游的愿望了。于是第二天，他故意去得很晚。如其所料，他被停工3天，扣除3天工资，但他可以与家人一起出去郊游了，他满足了自己的需求。那位老板自以为做得正确，自己"正确"地维护了管理制度，但部门的工作还是无法按时完成。

以上事例中老板按常规办事的做法，造成了惩罚行为与惩罚效果的严重脱节。那位老板敲的警钟最后还是没有敲到实处，反而正击中这位小黄的下怀。奖励也是一样，有时造成奖励行为与奖励目的的脱节。领导者奖励什么行为，将会得到更多的这种行为。

赏罚分明，不但指对不同的人该赏则赏，该罚则罚，还指对同一个人的不同事件该赏则赏，该罚则罚，绝不能功过相抵。理由是：

第一，任何人都有其功，也有其过，如果功过相抵，就容易导致功过混淆，毫无界限。

第二，功过相抵，容易造成特权。有的人因为做出了成绩，或委以重任，如果功过可以相抵，就会沾沾自喜，自以为有某种特权，法律、制度、规章在他们面前也必然荡然无存。这样，不仅害了他们自己，也影响了其他员工的工作积极性。所以，要做到功过不相抵，必须功过分明，各施赏罚。

俗话说得好：无规矩不成方圆。奖功必须罚过，奖勤必须罚懒，奖能必须罚庸。只奖不罚，就不能激浊扬清，惩恶扬善，也就不能达到是非分明、功过两清的目的。领导者必须赏罚分明，否则会影响团队的健康发展。

人 生 智 慧

◇才德全尽谓之圣人，才德兼亡谓之愚人，德胜才谓之君子，才胜德谓之小人。

◇惩罚和奖励的目的都是为使员工更努力地工作。

◇无规矩不成方圆。

不除谗佞，企业危亡

【聊天实录】

我：晏老先生，您对除谗佞何高见？

晏子：我曾在《晏子春秋》提到：谗夫佞人之在君侧者，若社之有鼠也。谚言有之曰："社鼠不可熏去。"谗佞之人，隐君之威以自守也，是难去焉。

我：您这句话该如何解释呢？

晏子：这句话的意思就是：善进谗言的邪佞小人在君王身边受宠，这就好比土地庙社坛中生存着老鼠。民间谚语说：'土地庙的老鼠，不能熏。'那些谗佞小人隐藏在君王威严之下，借君王之威保护自己，这是很难去掉的啊！

我：您的意思是说：人才，是理想蓝图的设计者，是自然资源的开发者，是民众力量的组织者，是艰难险阻的开路者，是掌权人的拾遗补阙者。不以人才为重，企业永远难以壮大，企盼大自然呈现什么吉祥之象，会日渐失去自信；重用人才的智慧力量，才会使事业永远向上。

晏子：是的，你说得很对。害人之心不可有，防人之心不可无。

【解读】　　　对待谗佞之人，必须除之后快

一位伟人曾经这样说过：对敌人心慈手软就等同于对人民犯罪。对于善者，我们不能一味地退让与退却，我们忍让与退却有时会助长了恶的嚣张。有些时候，我们必须扬起法律的武器，去遏制恶的增长。

自从孔子做了鲁国的大司寇以后，就同季孙氏、孟孙氏、叔孙氏三家大夫商

议铲除家臣的势力，孔子说："家臣的势力一大，大夫反倒受他们的压制，必须把他们的城墙改矮，家臣才不敢随便背叛大夫。"三家大夫都表示赞成，于是便通知三位家臣，让他们将城墙矮下三尺。三位家臣闷闷不乐，正在这时，他们想起了鲁国名人少正卯，请他出出主意。

少正卯极力反对孔子的主张，说道："为了保卫国家才把城墙砌得又高又结实，不应当改矮，孔先生的这种办法不太合适吧。"由于少正卯在背后教唆，三个家臣就壮大了胆子，对主人的命令不再理会。三家大夫见状，便发兵围城迫使家臣就范。由于三家大夫联合行动，讨伐叛臣，季孙氏和叔孙氏的家臣被打败，狼狈逃走。

孟孙氏的家臣公敛阳见势不妙，急忙找少正卯出主意，少正卯趁机煽风点火，说道："你把守的城墙是鲁国北面的要塞，千万不要把城墙改矮，要是城墙不结实，万一齐国打过来那就守不住了。"

公敛阳受了少正卯指使，态度立刻强硬起来，扬言："为鲁国的安全我宁可丢掉自己的性命，也不会听别人的话拆去城墙一块砖。"

孔子听了这话，便让孟孙氏将这件事告诉鲁定公，鲁定公召集群臣商量此事。会上，意见不一。有的主张拆，有的反对拆，各有各的理由。一向反对孔子的少正卯这时不仅故意顺着孔子的心意，声言赞成孔司寇的主张，应该把城墙矮下三尺去，还乘机挑拨说三家大夫是培植私人势力。孔子及时识破了少正卯的奸计，立即反驳说："这太不像话了，三家大夫都是鲁国的左右手，难道他们是培养私人势力的吗？少正卯明明是在挑拨是非，让君臣上下互相猜疑怨恨。这种挑拨是非，扰乱国家大事的人应判死罪。"

大臣们觉得孔子的话有些偏激，都纷纷为少正卯说情。孔子说："你们怎么知道少正卯的奸诈？他的话听起来好像很有道理，其实都是些坏主意。他的一举一动，看着令人佩服，其实都是假装的。像他这种心术不正的虚伪小人，最能够颠倒是非蛊惑人，非把他杀了不可。"

孔子最终杀了少正卯。

孔子的弟子子贡事后曾问孔子："少正卯是鲁国的知名人士，先生诛杀了他，恐怕得不偿失吧？"孔子说："人有五种恶行，而盗窃还不包括在内：一是通达古今之变却铤而走险，二是不走正道而坚持走邪路，三是把荒谬的道理说得头头是道，四是知道很多丑恶的事情不揭露，五是依附邪恶并得到恩泽。这五种恶行沾染了一种，就不能避免被君子所诛杀，而少正卯是五种恶行都兼而有之，他是小人中的雄杰，岂有不杀之理！"

"小人"是没有明显标志的，少正卯在鲁定公面前还说孔子的好话，赞同他的主张。小人在暗处，我们在明处，所谓：明枪易躲，暗箭难防。一旦发现谁是小人绝不要心慈手软，坚决除去。

是的，在生活中，任何领导者都会遇到个别难对付的员工，对于这样的下属，领导者应持的态度是：因势利导，对症下药，热情帮助，严肃批评，积极促使他们改掉毛病，向着好的方向转化，不妨用"以其人之道还治其人之身"的方式对付这些小人。

所谓"以其人之道还治其人之身"，就是利用下属的缺点、毛病来制服下属，或者利用下属之间的关系，不用亲自动手，就能坐收"渔翁之利"。我们并不鼓励领导优先运用这样的管理方法，但在别无他法的情况下，也可借鉴一下，以毒攻毒常见的手段有以下几种。

1. 以毒攻毒

某下属品性恶劣，不服管教，谁也制服不了他。领导者特意将他交给一个以心狠手辣著称的中层领导者整治，没用多长时间，该下属就变老实了。

2. 以奸治奸

某下属爱向领导打小报告，领导就特意将他安排在某个同样也爱"走上层路线"的科长手下当干事。他俩都有共同的毛病，互相提防，互相揭发，互相吸取教训。时间久了，谁的名声也不好，渐渐地他俩都觉得挺没趣，打小报告的行为也就有所收敛了。

3. 以强治强

王二才华出众，傲气十足，经常顶撞领导；麻子知识渊博，能力非凡，经常在领导面前发表不同意见。应对的办法是减少他们直接和上层领导者打交道的机会，将他们交给精明强干、足智多谋的中层领导者管辖，这样以能人治能人，就可让他们不那么锐气十足。

4. 以贪治贪

小张狡诈圆滑，待人处世爱占小便宜，从不吃亏，小刘也同样如此。领导者故意将他俩安排在同一科室，指定小张管理小刘，由于两人都有同样的毛病，谁也不愿意吃亏，但很难做到事事都占便宜，时间长了两人便达成了默契，双方利益均摊，谁也不沾谁的光。

5. 以懒治懒

董某办事不勤快，爱动嘴，不动手；孙某干活节奏慢，干一天，歇半天。领导干脆将他俩搁在同一个科室里，给他俩规定了各项硬指标，并且指定由孙某管理董某。这样一来，他们谁也依靠不了谁，完不成任务都得受罚。后来，不用领导者费口舌，他们就变得勤快了。

6. 以庸治能

某下属才华横溢，傲气十足，谁也看不起。为了制伏他，领导者就故意让他接受某个德才平庸的中层干部管辖，能人碰上庸人，有理说不清。时间一长，能人锐气减退，棱角磨掉，一匹烈性千里马，就变成了一匹温顺驯服的马。

以其人之道还治其人之身，是对付小人的一种有效的管理手段。谗佞小人是企业中的大患，必须要适宜、对路，掌握好分寸，一般都能制服顽固不化的员工，令管理颇见成效。

擦亮双眼，分清贤佞

身为管理者，身边一定不乏溜须拍马的下属，而且有的还具有相当高的技巧，拍起马屁来不显山、不露水，让管理者甜甜蜜蜜，晕晕乎乎，不知不觉中就上了他的大当，最终受害的还是管理者和企业。

齐桓公四十一年，管仲病重将死，齐桓公向他问道："你死之后，群臣中谁可以担当相位？"管仲回答说："了解臣子的莫如君主了，您应该最清楚。"

齐桓公说："易牙最疼爱寡人，他见寡人病了，郎中说要吃小孩肉才能治得好，易牙二话不说就把自己的儿子杀了，熬汤给寡人喝，果然就把寡人的病治好了，易牙可以当相国！"管仲答道："他为了讨好你竟然杀死自己的儿子煮成肉汤给你吃，一个对儿子都能下毒手的人，哪里谈得上爱国君？不可以。"齐桓公又问："开方为了投奔齐国，从他的祖国卫国来到齐国，连父亲死了都没有回去奔丧，对齐国真是忠心耿耿，他可以当相国！"管仲答道："他为了讨你喜欢，连父亲死了也不回去奔丧，这不通情理，不可以。"齐桓公最后问道："竖刁为了寡人把自己都阉割了，这样忠心不二的人总可以当相国了吧？"管仲摇摇头，回答说："也不行，他为了投靠你割掉自己的生殖器来当宦官，一旦有了需要你又怎么保证他不对国君动刀子呢？这样的人更不应该当相国。"

后来管仲死后，齐桓公不听管仲临终前的劝诫，亲近和重用这三个人，结果他们各自粉墨登场，拉帮结派把朝政搞得一团糟。齐桓公的几个公子之间相互争权夺利，结果在齐桓公死后，几个公子各自靠着易牙、开方、竖刁相互攻击，根本不管齐桓公的丧事，死尸在床上停了六十七天都无人收殓，滋生的蛆虫一直爬到了宫门之外。

一代霸主齐桓公，就是由于没有看清小人的可怕之处，结果死得不安生。小人如此可怕，我们就必须善于识别他们，及早采取预防措施。

如果仅想短时间内辨别"小人"是不容易的，但随着时间的推移，"小人"终究会露出蛛丝马迹。具有下列几种行为的员工，是不能容忍的，<u>应立即予以批评，严重的话也可以考虑清除</u>。

1. 喜欢造谣生事

他们把造谣生事当成家常便饭一样，乐此不疲。为了达到自己的目的，不惜诽谤别人，诋毁别人的名誉，阴毒损坏，爱说人坏话。这样的员工思想不够健康，经常在背后讲人坏话，影响员工的团结。

2. 没有干劲，缺乏责任感

这是一种抱着"混"的态度应付工作的人。这样的员工普遍缺乏责任感，工作草率、马虎，对分内的事也不认真去做，"当一天和尚撞一天钟"，至于这钟撞得好不好、声音响不响，他全然不管。

3. 心胸狭窄，容不下别人

这样的员工多少都有一点才气。因为这点才气，表现自然自负，然而，他又不愿看到别的同事超过自己，无容人之量。由于他心胸狭窄难容人，和同事少不了有磕磕碰碰的事情发生，别人也不愿意和他同处，这样的员工多数群众基础不好。

4. 净耍嘴皮子，不干事

事情是要一件一件来做的，有关工作的事情每一件都是具体而实在的，不身体力行是无法完成的。社会上曾流传有这样一句话："干的干，看的看，精的给干的提意见。"此类员工就是说得多、干得少，他们的存在，不但影响着其他员工的情绪，也会败坏整个企业的工作作风。

5. 擅长拍马奉承，和管理者套近乎

这种人嘴甜如蜜，善于恭维别人，拍马屁，巴结上司，打小报告，无中生有说别人的坏话，容易得到上司的宠爱。这样的员工其心思不在干好本职工作上，而在于寻找机会和主管拉关系、套近乎，以求得对自己的"照顾"。他们对工作往往心不在焉，得过且过。

6. 牢骚满腹，不满太多

这样的员工对办公室内许多事情怀有成见，爱发牢骚，说三道四，影响其他员工的积极性，他们的存在，对稳定员工思想具有消极作用。他们常常对许多事都看不惯，随便乱说乱讲，这尤其对新员工的成长不利，其危害不可小觑。

7. 对任何人都持怀疑态度

这样的员工在工作中不会接受其他员工的建议，哪怕他自己的做法是错误

的，也只相信自己，不把别人的意见放在心上。他们固执己见，容易出错。

8. 头脑不清，办事稀里糊涂

这样的员工工作态度一般比较端正，但做事不善动脑，缺乏条理，思维不清楚，不知道自己在做什么、目的何在。

9. 以"我"为中心，很难与人合作

一项工作通常是需要各部门之间相互协调、员工之间通力合作的，这样的员工往往心目中只有"自我"，工作中也爱突出"自我"，做事我行我素，其他员工一般很难与之合作，这样不利于工作的整体推进。

10. 喜欢挑拨离间

他们为了达到谋取个人利益的目的，通常会使用离间法挑拨同事之间的感情，好从中坐收渔利。

11. 具有势利眼

这样的员工对有权有势的人关怀备至，善于见风使舵，一旦有一天他们发现自己所依附的靠山失去势力陷入困境，他们就会落井下石，迅速抛弃对方，另寻高枝。

作为统治者也好，作为领导者也好。一定要擦亮双眼，认清谁是贤者，谁是佞人，如果贤佞不分，国将危亡，企业将危亡。

人 生 智 慧

◇以其人之道还治其人之身，是对付小人的一种有效的管理手段。

◇明枪易躲，暗箭难防。

◇一定要擦亮双眼，认清谁是贤者，谁是佞人。

以身作则，深入民心

【聊天实录】

我：晏老先生，您对以身作则有何高见？

晏子：我曾在《晏子春秋》提到：下无直辞，上有隐恶；民多讳言，君有骄行。古者明君在上，下多直辞；君上好善，民无讳言。

我：您这句话该如何解释呢？

晏子：这句话的意思就是：下面的人不敢直言，那是因为上面有隐蔽的过失；人民说话有许多忌讳，那是因为君主有骄横的作风。古代明君在位时，下面多敢直言；君主追求美善，人民就没有什么忌讳。

我：您的意思是说：领导者的一言一行、一举一动，无不被下属看在眼里、记在心上，领导者的行为影响着下属的行为。"做事先做人，律人先律己，用人先育人"应当成为领导者的信条。领导者既是制度的制定者和推行者，也是制度的执行者和培训者，这就要求领导者在要求下属的同时，更应该严格地要求自己。

晏子：是的，你说得很对。领导就是以身作则，来影响他人。

【解读】 ～ **以身作则，上情下达** ～

有一年夏启与有扈氏大战于甘泽，夏启没能取得胜利，大臣们就请求夏启再战。夏启说："不能再打了，我的地盘已不小，我的子民也不少，却还是不能取胜，这还是由于我的修养不够、教化不好啊。"

从此以后，夏启睡觉时不铺双层席子，吃饭不要第二样菜，不再听琴瑟之音，不再接近女色，而只注意尊敬长者，亲近宗族，尊重和任用品德高尚、有才能的人。过了一年，天下大治，没动一兵一卒，有扈氏便主动归顺。可见，要想战胜别人，就要先战胜自己；要想议论别人的短处，就要先检讨一下自己有没有过失；要想管好下属，就要先管住自己。

领导者要下属积极地投入工作中，首先自己要有这份热情，不要把私人事情夹在公事中，要永远保持愉快的笑容，这才是领导者的形象。经常愁眉苦脸或者在工作中跷高双腿看报纸杂志的领导者，是经不起时间考验的。

还有许多领导者都常犯的严重错误就是开会和散会的时间不定，全凭个人心情行事，这是最要不得的。开会时间一经定下，就不能因个人心情而随意改动，须知下属已经刻意安排出那段时间开会，如果我们随意改变，将会影响下属的工作进度和情绪。

无论是开会这样的大事，还是鸡毛蒜皮的小事，作为领导者都应该以身作则，换句话说，是领头人就一定要有领头人的样，否则就不要做领导者。企业里制定了种种制度，但是无法保证人们都照章办事，这是困扰领导者最大的难题。要解决这个难题，方法之一就是领导者自己以身作则。

1. 领导者的自律作用

领导者要在团队中起到先锋模范作用，必须以高标准严格要求自己，因为领导者的工作和生活习惯，会对下属的行为产生十分重要的影响。领导者切不可因为手上有一定的权力，就放松对自己的要求，甚至为所欲为，酿成重大失误。领导者应该高度自律、不断反省，提高自己的道德和管理水平，为大家做好表率。

2. 领导者的带头作用

"大车跑得快，全靠车头带"，优秀的领导者应该具备"火车头"和"领头雁"的精神。如果说领导是领头雁，下属就是一个雁队，他们的眼光都紧盯着领头雁，领头雁飞向哪里，雁队就飞向哪里。所以，一旦确定了正确的目标，领导者就要带领下属朝着目标奋力前进，并保证方向不会出现偏差。

振臂一呼、应者云集的领导能力，绝不是一个领导职位就能赋予的，没有追随者的领导，剩下的只是职权威慑的空壳，也就是说，是追随者成就了领导者。

领导者总是员工目光的焦点，员工往往会模仿领导者的工作习惯和修养，因此，领导者必须以身作则，养成良好的工作习惯和道德修养。

一个企业的老板就是一个团队的领导者，作为领导者，能够以身作则，树立起在下属中的威望，就会大大提高团队的整体战斗力，领导者的管理工作也会事半功倍。

上情下达，深入民心

企业在经营管理和日常事务中，由于人与人之间、部门与部门之间缺乏沟通和交流，常常会遇到一些摩擦、矛盾、冲突、误解，这将影响到公司的气氛、士气和组织的效率，使企业难以形成凝聚力，人为内耗成本增大，甚至导致企业"死亡"。因此，企业管理的一个主要内容就是增进沟通。

有团队就有管理，管理就必然需要沟通，唯有沟通才能减少摩擦、化解矛盾、消除误解、避免冲突，发挥团队和管理的最佳效能。

如果一个组织内部缺乏沟通氛围，其管理者是有很大责任的。沟通能力是管理者的基本素质，沟通是管理工作的基本内容，有效沟通是一切工作的前提。

松下幸之助有句名言："企业管理过去是沟通，现在是沟通，未来还是沟通。"雄踞世界500强榜首的零售业巨头沃尔玛公司前总裁山姆·沃尔顿也曾说道："沟通是管理的浓缩。如果你必须将沃尔玛体制浓缩成一个思想，那可能就是沟通，因为它是我们成功的真正关键之一。在这样一家大公司，对于良好沟通的必要性，是无论怎样强调也不过分的。"

沟通在企业管理中的重要性可以用两个数字来直观地反映出来，即两个70%。

第一个70%，是指实际上企业的管理者70%的时间是用在沟通上。开会、谈判、谈话、做报告是最常见的沟通形式，撰写报告实际上是一种书面沟通方式，对外各种拜访、约见也都是沟通的表现形式，算起来他们有70%的时间花在沟通上。

第二个70%，是指企业中70%的问题是由于沟通障碍引起的。比如，企业常见的效率低下问题往往是由于大家没有沟通或不懂得沟通引起的，实际上，在企业里面工作不能顺利进行、领导力不高等问题，归根结底，都与沟通能力的欠缺有关。比如说经理们对下属经常有恨铁不成钢的想法，觉得年初设立的目标他们没达到，自己在工作中寄予他们的一些期望，也没有达到。为什么下属达不到目标的情况会经常出现？通过调查发现，下属对管理者的目的或者说期望是不清楚的，这无论是由于管理者的表达有问题，还是由于员工倾听领会的能力不行，归根结底都是沟通不畅造成的。

现在，大多数领导都认为，在以文化促进变革的过程中，充分调动下属的积极性和协调下属的行为是很关键的，这不依赖于权力，而是依赖于有效的沟通。有效的沟通主要通过谈话和文字的形式，传达公司的核心价值观，有效的沟通是管理者应有的"手腕"之一。

那么作为一个高明的领导，若想做到有效沟通，就必须做到以下几点。

1. 应注重非语言性的提示

如果沟通双方能够准确地把握非语言信息并有意识地加以运用，则会在很大程度上跨过语言沟通本身的一些固有障碍而提高沟通效率。

在面对面的沟通中，领导要给予对方合适的表情、动作和态度等非语言提示，并使之与所要表达的信息内容相配合。非语言信息是揭示交流双方内心世界的窗口，一个成功的领导必须懂得辨别非语言信息的意义，充分利用它来提高沟通效率，这就要求领导在沟通时要时刻注意交谈的细节问题，不能忽视下属的想法和感受。

2. 提高自身素质及表达能力

无论是采用口头交谈还是书面交流形式，都要力求准确地表达自己的意思。作为领导，应了解下属的文化水平、经验和接受能力，根据对方的具体情况来确定自己表达的方式和表达的程度等。注意文字逻辑性和条理性，对重要的地方要加上强调性的说明；选择准确的词汇、语气、标点符号，必要的时候还可以借助于手势、动作、表情等完成与信息接收者在思想和感情上的沟通，以加深对方的理解，提高沟通的效率。

3. 注重下属反馈的信息

领导要注重下属反馈的信息，提倡双向交流，让员工重述所获得的信息或表达他们对信息的理解，从而检查信息传递的准确程度和偏差所在。为此，领导要善于体察，鼓励接收者不懂就问，并且注意倾听反馈意见。没有反馈，领导就无法知道接收者是否真正理解了信息。领导可以通过直接或间接的询问"测试"员工，以便及时调整陈述方式，使接收者更好地理解信息。反馈方式可以是语言表述，也可以是非语言的，可以从对方的动作、表情等方面获得，它们往往是员工潜意识的流露。

4. 建立合理的沟通体系

在公司或企业内部，人员众多、机构复杂、信息流量大，为了使信息有序地流动，领导一定要建立稳定合理的沟通体系，以便控制企业内部的横向及纵向的信息流动，使各部门及下属之间都有固定的信息来源，该从哪里得到信息就从哪里得到信息，该知道什么就知道什么，这样可以规避企业内部的流言，进而规避扰乱整个企业正常运转的弊端。

5. 沟通也要选择合适的机会

由于所处的场合、气氛、双方的情绪会影响沟通的效果，所以沟通要选择合适的时机。对于重要的信息，在办公室、会议厅等正规的地方进行交谈，有助于双方集中注意力，提高沟通的效率；而对于思想上或感情方面的沟通，则适宜于在比较随便、轻松的场合下进行，这样便于双方消除隔阂。而且，领导在与下属进行沟通时，要选择双方情绪都比较冷静的时候，以免不利的情绪影响到沟通效果。如果沟通双方对信息本身都理解，但感情上不愿意接受时，领导最好是能起个带头作用，这也是最好的沟通方式之一。

良好的沟通是领导与下属联络感情的有效途径，沟通得好与坏，直接影响着员工的使命感和积极性，同样也直接影响着企业的经济效益。只有保持沟通的顺畅，企业的管理者才能及时听取员工的意见，并及时解决上下层之间的矛盾，增强企业的凝聚力。

英国管理学家L．威尔德说："管理者应该具有多种能力，但最基本的能力是有效沟通。"作为一个领导者，与下属沟通交流的能力是相当重要的。一个善于与下属交流的领导者，可以让员工充分信任我们，让部门中充满团结协作的气氛。

人 生 智 慧

◇领导者必须以身作则，养成良好的工作习惯和道德修养。

◇良好的沟通是领导与下属联络感情的有效途径。

◇管理者应该具有多种能力，但最基本的能力是有效沟通。

善于攻心，集思广益

【聊天实录】

我：晏老先生，您对集思广益有何高见？

晏子：我曾在《晏子春秋》提到：合升鼓之微，以满仓廪；合疏缕之绨，以成帏幕。太山之高，非一石也，累卑然后高；夫治天下者，非用一士之言也。固有受而不用，恶有拒而不受者哉？

我：您这句话该如何解释呢？

晏子：这句话的意思就是：汇合一升一斛的微量，也能装满仓廪；

织合一丝一缕的绨线，也能做成巨大的帷幕。泰山很高，但不是一块石头就成了山，它是细小石头累积无数才那么高的；治理天下的人，也不可能只听用一个人的意见。所以，虽然有接受而不采用的意见，哪里有从根本上就拒绝任何人提意见呢？

我：您的意思是说：企业的发展不能够只靠上层管理者的决策，而应该靠全体员工，特别是能够集中全体员工的智慧。企业中重大的问题应该广泛地听取大家的意见，要分析有没有不合理的成分；少数人的意见也要听，看一下有没有合理的成分，认真思考分析，对各种意见分析、归纳和整理，最终得出正确的结论。毕竟，集大家的智慧和力量比较容易实现目标。

晏子：是的，你说得很对。集思广益是前人在长期实践中总结出来的制胜法宝，其中蕴涵着深刻的道理和原则，是做出好决策的必备法宝。

【解读】   善于攻心，获得信任

感人心者，莫先乎情。举贤任能，要想让人才很好地为我们所用，必须善于"攻心"。人是这个世界上最富感情的一个群体，感情投资可以说是现代公司或企业领导调动下属积极性的一项重要手段。人都是将心比心的，你敬我一尺，我才会敬你一丈。很多成功企业的实践证明，企业关爱员工将进一步促进员工的工作热情，广大员工会在不同岗位上，以一颗对企业、对用户真诚的"关爱"之心，积极主动地投身企业经营、服务工作之中。他们对企业、对社会、对用户的关爱更是体现在方方面面，在为企业赢得良好的社会声誉的同时，也必将为企业的持续发展奠定坚实基础。因此，老板和企业也应该对员工心怀感恩，毕竟，他们才是企业的主力军，为企业做出了巨大的贡献。

付出真情实意是领导者做好工作、管好下属非常重要的手段之一，如果领导者能自觉地运用感情去动员、感染、影响周围的下属，就能对公司的发展形成巨大的推动力。

相信大家都看过《三国演义》，刘备之所以能够三分天下占其一，就在于他用人之时重在一个"情"字，以情感人，可以说是刘备的一绝。

刚开始的时候，徐庶替刘备运筹帷幄，连打两次胜仗，曹操就想着如何把徐庶挖走，刘备当然不干，但他并没有听别人的意见死留徐庶不放，好让曹操把徐母杀了，以便徐庶死心塌地地帮助自己对付曹操。刘备一路流泪送徐庶，徐庶大受感动，于是向刘备推荐了比自己更胜一筹的诸葛亮。刘备的江山可以说是越坐越稳，主要就是因为刘备擅长以情动人，使部下心甘情愿为他去打天下。

当然，刘备一生最为人所称道的事情还是三顾茅庐，刘备不顾风雪，诚心诚意地三次来到茅庐请诸葛亮出山，并且对诸葛亮的态度也很恭敬。最终诸葛亮被刘备的诚意所打动，答应了刘备，给他提出了《隆中对》，奠定了刘备的立国纲领，指明了刘备事业奋斗的方向。刘备对诸葛亮除了亲自"请之"，自己"以师事之"，还教育关羽、张飞等一班手下对其"敬之"，让刘后主"以相父呼之"。刘备临终之时还叮嘱诸葛亮，倘若刘禅不成器，还可以取而"代之"。如此用情良苦，也难怪诸葛亮要鞠躬尽瘁，死而后已了。

而像关羽、张飞、赵云、马超、黄忠等一班武将，刘备则以兄弟之情待之，例如桃园三结义。有时，刘备与他们之间的感情甚至超越了骨肉之间的亲情。例如，当赵云大战长坂坡，于百万敌师之中救回刘阿斗时，刘备刚接过孩子，第一句话就是"为汝这孺子，几损我一员大将"，说着就要摔孩子。刘备此时"大唱"了一段"感情戏"，抓住了赵云的心！

刘备请诸葛亮，说穿了也是借助于一个"情"字和一个"泪"字，因为他当时不可能给诸葛亮解决任何问题，爵位、官职、金钱、妻小的安置等都谈不上，连刘备自己都是寄人篱下，暂住新野这么个小县城，可诸葛亮就是冲刘备那个"情"字才出山的。

其实，将这套理论运用到现代管理上，也是完全可行的。假如一个人生活在温馨友爱的集体环境里，那么就会懂得尊重、理解和容忍，产生愉悦、兴奋和上进的心情，工作热情和效率都会大大提高；相反，一个人生活在冷漠、充满争斗和尔虞我诈的气氛中，情绪就会低落、郁闷，工作热情就会大打折扣。因此，领导在实施感情投资时，必须抓住"真情实意"这个要领，与下属互相交心、以心换心。

如今市场竞争的根本就是人才的竞争，几乎所有企业都曾为人才流失而头疼，很多老板想尽了一切办法，也无法阻挡人才高飞远走的步伐。如何留住人才，让他们安心为企业工作，成了许多企业家的难题。

很多企业的老板为了留住人才，用尽了各种方式，典型的有落实当地户口、高额的工资奖励等，老板们就是期望靠有形的"绳子"来绑住人才。也许这能起到一定效果，但仅仅依靠这些有形的"绳子"是无法真正绑住人才的。

作为老板首先不能否认人的利己本性，员工要生存和发展，就需要基本的物质保证，而且还要尽可能丰厚，使自己能生活得更好一些。但给予丰厚的物质保证还不是留住员工的关键，管理者更要关注员工物质生活之外的精神需求，这才是留住人才的更深层条件。

日本企业的人力资源管理有一个显著的特点：注重人情味和感情投入，并给予人才家庭式的情感抚慰。日本企业之所以有很高的经济效益，很大程度上得益于这种管理模式。每一个采用这种管理模式的日本企业仿佛就是一个大家庭，除了供给员工基本的物质需要外，还注重满足员工的精神需求。

日本著名企业家岛川三部曾自豪地说："我经营管理的最大本领就是把工作家庭化和娱乐化。"索尼公司董事长盛田昭夫也说："一个日本公司最主要的使命，是培养它同雇员之间的关系，在公司创造一种家庭式情感，即经理人员和所有雇员同甘苦、共命运的情感。"

日本企业家深谙刚柔相济的管理道理，他们在严格贯彻、执行企业管理制度的同时，又最大限度地尊重人才、善待人才，关心体贴人才的生活。这就在无形中建立起一条联结管理者和人才的"绳子"，正是这条"绳子"在留住人才的过程中发挥了巨大作用。

此外，日本大企业内部还普遍实行福利制，这就让人才可以享受尽可能多的福利和服务，使其感受到企业所给予的温情和照顾。在人才看来，企业不仅是靠劳动领取工资的场所，更是满足自己各种需要的温暖大家庭。企业和人才结成的不仅仅是简单的利益共同体，还是一个情感共同体。生活在这样一个二体合一、充满温暖的大家庭中，员工又怎么会有背叛、离去的想法呢？

很多时候，管理者在精神方面的激励比物质激励更重要，更能使员工与之建立起和谐的感情。高明的管理者不是把员工作为雇工，而是将其视为共同合作的伙伴，这样，员工才会真正为企业贡献力量。

❧ 发动人脉，兼听意见 ❧

秦朝李斯《谏逐客书》中说："泰山不让土壤，故能成其大；河海不择细流，故能就其深。"不辞让推却任何微小的土壤，不挑剔择拣细小的水流，问题就在是否辞让和择拣上。嫌小不收，嫌细不要，因对方位卑不屑一顾，看别人贫困而不予理睬，挑挑拣拣，甚至眼高手低、势利眼，这种作为，绝非成大事、有大志者。积少成多，积微成著，集腋成裘，聚沙成塔，大起于小，累卑为高，这种道理几乎无人不知。但是，在日常生活、工作与社会交际中，却常常可以看到违背这种道理的言行作为，问题出在哪儿呢？

"智者千虑必有一失，愚者千虑偶有一得。"现代社会的竞争越来越激烈，决策活动越来越复杂，涉及的因素非常多；高明的领导，要想避免失误，唯一的妙方就是发动人人献计献策，充分利用集体的智慧，决策时，要善于兼听别人的意见。

楚襄王做太子时曾到齐国做过人质，他回国的条件是要献方圆500里土地给齐国。

楚襄王回国做了楚王之后，齐国便派人率领车马来向他索要土地。虽然曾是自己亲口答应的，但当时是不得已而为之。齐国明显是在乘人之危勒索楚国，所以楚襄王不想给，便请教慎子："齐国要割去我们方圆500里土地，怎么办呢？"

慎子说："明天早朝，大王可以让群臣献计献策。"

果然，第二天早朝时，几位大臣都提出了自己的主张。

子良说："我觉得大王不能不给。大王作为一国之君，一言九鼎，而且又是许诺给强大的齐国，如果不给，别人就会说大王不守信用，以后大王在诸侯中就无威信可言了。请先给他们，然后再夺回来。给他们是大王守信用，而夺回来能够显示我们的武力也不弱，因此我主张给。"

昭常说："我认为不能给。君主是不能担心土地太广、太多的，而且方圆500里地实际约占了楚国的一半。这样，君主虽然名义上是做大王，如果失去了方圆500里国土，实际上就成了一个小小的地方官了。所以说坚决不能给，臣昭常愿意带兵去东地坚守！"

大臣景鲤则说："我也认为不能给。虽然是不能给，但仅靠我们的力量恐怕又不能守住。而大王金口玉言，既然答应了又不兑现，必定会在天下人面前落得不义的名声，这样我们输了理，更是不能独自守住，因此臣建议向秦国求救。"

楚襄王听了，觉得三个人说得都有道理，还是不知到底该怎么办。于是就把这三人的计策一一告诉了慎子，并问："您说我到底应该采用谁的计策呢？"

慎子想了想说："大王应该全部采用。"

襄王听了，以为慎子在开玩笑，立即不解地问："先生是什么意思啊？"

慎子说："按照他们各自的主意去做，就能够收到他们所预见的成效。大王可以派子良率车50乘，到齐国履行向其献地的手续；第二天您可派昭常大司马，率军前往东地驻守；第三天，您再派景鲤向秦国求救。"

襄王听了，豁然开朗，微笑着说："行。"于是，一切依计而行。

子良先到齐国去交付所允诺的土地，齐国人就与子良一起到楚国东地去接收。此时，昭常早已带兵在那守候，准备抵抗，并对他们说："我租用主上的土地，将和它生死与共!"

齐国人就问子良这是怎么回事，子良说："我是受楚王的命令而行动，而昭常却不把楚王与齐王放在眼里，你们还是发兵进攻吧!"齐王听说后大怒，立即组织军队，准备讨伐昭常。

齐军还没有出国境，秦国50万大军就已经逼近齐国的边境，秦国指责齐王说："当时你们扣押楚国的太子不让他回国继位，这是不仁；接着又要乘人之危，夺人方圆500里国土，这是不义。如果你们现在就把刀兵收起来，此事就算到此为止；如果你们想动手，那我们也就在此等候了。"

齐王马上就吓怕了，请子良回国，又派人到秦国去谈和。这样，楚国没有动一刀一枪，就得以保全了土地方圆500里。

这次的成功就是楚王听从慎子的主意而取得的，那就是要记得充分发挥智囊团的综合长处，从而达到克敌制胜的目的。三人计策，缺一不可，三种计策运用实施的次序也不能颠倒，没有慎了的独具慧眼、博采众长，那就更是不行!

人生智慧

◇付出真情实意是领导者做好工作、管好下属非常重要的手段之一。

◇泰山不让土壤，故能成其大；河海不择细流，故能就其深。

◇智者千虑必有一失，愚者千虑偶有一得。

知人善用，挖掘潜能

我：晏老先生，您对知人善用有何高见？

晏子：我曾在《晏子春秋》提到：举之以语，考之以事，能谕，则尚而亲之，进而勿辱。以取人，则得贤之道也。

我：您这句话该如何解释呢？

晏子：这句话的意思就是：根据他的言论主张是否有理以决定是否选用他，根据他的行事去考察他，如果真的通晓治国之道，就尊重他、亲近他。既要亲近他，有要以礼相待。用这种办法选取人才，就是求得贤德之人的方法。

我：您的意思是说：成功的领导者知道怎样选择员工，同时也知道怎样才能挖掘出员工的才能，尽其所能的为企业服务。

晏子：是的，你说得很对。领导者要懂得知人善用，挖掘潜能。

【解读】　　　选择员工，以人为本

乔布斯说："我花了半辈子时间才充分意识到人才的价值。"

如果留意乔布斯，就会会发现，他一直在努力寻找不同领域的优秀人才，乔布斯一生面试过5000多人，然而真正被他看中的人并不多。

只有不断发现人才，才能打造一个强大的A级团队！

如果留意12年来苹果管理团队的人员组成，那么，就会会发现，有些人一直待在这儿，有些人离开了，但每个位置上都有一名优秀的员工。

谁都知道一流员工的生产力、创造力最为惊人！

但是，并非每个领导都能知人善用，都能充分挖掘和利用员工的潜能，它不仅考验管理技巧，而且考验领导艺术。

都说企业以人为本，我们的一堂课就从人力管理开始，选人就像是在赌博，选错人就会满盘皆输。

乔布斯深知："选人就像是在赌博，选错人就会满盘皆输。"作为团队领导者，你必须具备发现与公司具有相同基因的人才的能力——这个"基因"就是价值观。

领导者与下属之间要建立良好关系，保持价值观的协调。

撒切尔因善于塑造和坚持一套毫不动摇的价值观而闻名于世。组建新内阁时，她精心挑选那些与她观念相近的人，决定撤换外交大臣弗朗西斯时，她说："我首先抛下了一个自命为飞行员但方向感却屡出差错的人，弗朗西斯和我的分歧不仅仅在于政策的导向或者内阁的方针，甚至在于整个人生观。"

在团体中，有些人的所作所为如果不能与公开宣扬的价值观相吻合，就会迷失自我，丧失自信，其后果就是说一套、做一套。为了避免挨批，他们会含混不清地汇报、怀有戒心地应对，使工作的结果有悖于自己的期望，他们往往在自己的真实面目与自我设想之间产生分裂。

价值观与处世技巧不同。在人生不同的阶段，你可能这个时候信奉一个价值观，那个时候不信，所以你很难通过学习去领会。

领导者在选择下属的时候一定要像乔布斯那样慎重，否则，价值观的分歧足以导致领导者与下属分道扬镳！

价值观的统一是选人的必备条件

乔布斯一生面试过5000多人，然而真正被他看中的人并不多，因为，乔布斯面试时有一个必问的问题："你为什么来这里？"

他要的不是一个标准答案，而是看这个人如何回答，并从中判断，应聘者的特质与价值观是否与公司的"基因"吻合。

这是一个公司招聘人才的重要前提，国有俗话说"道不同不相为谋"，"道"就是一个企业的文化与价值观，一个卓越的团队必须有共同的"道"。

第一，要选用那些价值取向与公司价值观相符的人，这样能够使企业在内部建立起一个共同目标。

如果企业雇用的人在价值观上与企业文化不相符，那他就会认为企业所从事的事业不值得，企业还怎么指望他把该做的事做好呢？

在美国，有一家大规模的服务性公司。它的下属公司有专门提供害虫消灭的公司，提供家政服务的公司，从事专业草坪养护的公司……该总公司的宗旨是为人们提供最优秀的服务。

在一次高级管理人员会议上，董事长波拉德播放了一盘有关不同类型求职者的录像带，带子上有一位妇女，在面试时对管理人员说："我是一个同性恋，但是我非常乐意为别人服务，所以我想在你们公司工作。"

波拉德和其他公司的领导商定，只要她真正的目的是来做事，就可以加入他们的公司，于是，这名妇女成了公司的一员。

那盘录像带上还有一个人，他说："我非常想加入你们公司，但我真的不想干服务性质的活，我可以尝试管理方面的工作。"

波拉德当即指出："这个人不适合，服务是我们最根本的要求，他认为服务性工作是不值得做的事，可见他的价值观与我们相悖。"

最后，波拉德还说："并非所有的人都愿意接受我们的宗旨和价值观，对于那些不愿意接受我们宗旨和价值观的人来说，公司的确不是他们合适的去处，所有想加入我们的人以及公司现有的员工，都应该明白这一点。"

价值观在考核一个人时是至关重要的，人们的价值观引导他们的思考和行为。

当某人申请为公司工作，并了解到这个公司信奉什么时，管理者必须思量一下，这里是否适合他，他是否能适应这里的价值标准。如果一家公司的员工不认同这个公司的价值观，那这个公司就很难经营好。

在一个企业中，人才选拔计划是业务部门同人力资源部门一起制订的，其可通过初步筛选的应聘人员进行结构化测试。

测试的题目都要紧紧围绕公司的价值观进行，同时要对应聘者个人的素质品质和性格加以考察。

这里，起决定作用的因素往往并不取决于应聘者的专业水准，而是看他是否有与本企业相同或接近的价值观念，要知道个人所持有的价值观往往比其所掌握的专业知识、技能更难以改变，因为它已是习惯性的或定式化的东西。

在人才招聘方面，我们不妨从"人乃根本、人是源泉"这几个字下手，着眼在"人"上，按如下步骤做好招聘及人才规划工作。

1. 做出自己企业（针对招聘职位）上一年度与本年度用人计划及标准对比，根据目前企业状况找出职位差异性。

2. 确定所招聘人才在职业生涯方面有进一步的成长方向和发展的领域或空间。

3. 建立与该招聘职位相适应的近期和长期的职业兴趣方面。

4. 告诉应聘人他所应聘职位的优势与未来职位设想。

5. 提出专业人才一定要做专业事的要求。

6. 面试过程要有较强的目的性及针对性，并采取适当行为导向。检验应聘者过去的经历及成就，如：专业化知识案例举证、解决问题的渠道及途径、工作主动性的认可度、事后追踪和团队合作的能力等。

第二，作为团队领导者，必须具备发现与公司具有"相同价值观"的人才的能力，这里面往往牵扯到两个"雷池"。

首先，对你不喜欢的但有才华的人也要提拔。

美国IBM公司总裁小沃森用人的特点是"用人才不用奴才"。

有一天，一位中年人闯进小沃森的办公室，大声嚷嚷道："我还有什么盼头！销售总经理的差事丢了，现在干着因人设事的闲差，有什么意思？"

这个人叫伯肯斯托克，是IBM公司"未来需求部"的负责人，他是刚刚去世不久的IBM公司二把手柯克的好友。

由于柯克与小沃森是对头，所以伯肯斯托克认为，柯克一死，小沃森定会收拾他，于是决定破罐破摔，打算辞职。

沃森父子以脾气暴躁而闻名，但面对故意找碴儿的伯肯斯托克，小沃森并没有发火，他了解对方心理。小沃森觉得，伯肯斯托克是个难得的人才，甚至比刚去世的柯克还精明。虽说此人是已故对手的下属，性格又桀骜不驯，但为了公司的前途，小沃森决定尽力挽留他。

小沃森对伯肯斯托克说："如果你真行，那么，不仅在柯克手下，在我、我父亲手下也能成功。如果你认为我不公平，那你就走，否则，你应该留下，因为这里有许多的机遇。"

后来，事实证明留下伯肯斯托克是极其正确的，因为在促使IBM做计算机生意方面，伯肯斯托克的贡献最大。当小沃森极力劝说老沃森及IBM其他高级负责人尽快投入计算机行业时，公司总部响应者很少，而伯肯斯托克却全力支持他。正是由于他们俩的携手努力，才使IBM免于灭顶之灾，走向更辉煌的成功之路。

小沃森不仅挽留了伯肯斯托克，而且提拔了一批他并不喜欢，但却有真才实学的人。

他在回忆录中写道："……在柯克死后挽留伯肯斯托克，是我有史以来所采取的最出色的行动之一！我总是毫不犹豫地提拔我不喜欢的人……那种讨人喜欢的助手、喜欢与你一道外出钓鱼的好友，是管理中的陷阱。相反，我总是寻找精明能干、爱挑毛病、语言尖刻、几乎令人生厌的人，他们能对你推心置腹。如果你能把这些人安排在你周围工作，耐心听取他们的意见，那么，你能取得的成就将是无限的。……"

其次，要善于跟性格迥异的人合作。

一个贤明的管理者，应该知道，跟不同风格的人共事不一定是坏事，只要各自的工作风格能够珠联璧合，配合得天衣无缝，他们的合作就会强而有力。

　　他还应该知道：自己不仅应该细心研究本身及周围人员的性格特点、工作作风以及心理状态，更应做到因地制宜、对症下药，这样工作起来才能得心应手，事半功倍。

人生智慧

　　◇选人就像是在赌博，选错人就会满盘皆输。

　　◇价值观与处世技巧不同。

　　◇人乃根本、人是源泉。

慧眼识人，共同努力

【聊天实录】

　　我：晏老先生，您对慧眼识人有何高见？

　　晏子：我曾在《晏子春秋》提到：国有三不祥……夫有贤而不知，一不祥；知而不用，二不祥；用而不任，三不祥也。

　　我：您这句话该如何解释呢？

　　晏子：这句话的意思就是：国家有三种不吉祥的事……有贤德的人国君却不知道，这是一不祥；知道了谁是贤德人却不加使用，这是二不祥；使用贤人却不委以重任，这是三不祥。

　　我：您的意思是说：现代人力资源管理的最终目标就是让员工发挥出更多的知识和技能，企业借此得以保持活力和发展，不断满足顾客的需求。而在企业获得利益的同时，企业也为员工提供了一个可以发挥自己能力的舞台，任由员工挥洒自己的智慧和才干。

晏子：是的，你说得很对。企业管理者把员工放在重要的位置上，才能够取得双赢的结果。

【解读】　　　　營造归属感和荣誉感

企业管理的各个方面都是围绕着人来进行的。管理者只有重视人，把人放在一切工作的首位，才能够充分调动起员工的工作积极性，企业才能够得以生存和发展。从企业和员工的利益关系上来说，管理者一定要抛弃那种传统观念里"企业和员工利益相对立"的观点，不能够把员工看作是分享企业利润的敌人，而应该把员工看作是企业的合伙人，因为员工的创造力、竞争力和主动精神，才是这个服务主导、信息密集、竞争激烈的时代里最宝贵的财富，是企业竞争中最重要的资源。只有员工才能为企业创造财富，而不是企业为员工提供薪水。

在现代企业里，管理者再也不能把员工当作是自己赚钱的工具，看作是被雇用的对象，而应该正视人的重要性，把员工看作是自己的合作伙伴。我们知道，合作伙伴的利益是相关的，一荣俱荣，一损俱损。企业为员工创造出良好的工作环境，重视员工，关心员工的利益，满足员工多方面的需要，促进员工的个人发展，才能够促进企业的发展。而同时，当员工被当作是一个合作伙伴来对待时，就会产生归属感和集体荣誉感，也会承担起作为一个合作伙伴的责任来，积极主动地工作，为企业创造更大的价值。

华为公司对于员工的归属感的创建，对于中国企业来说，是一个十分值得借鉴的例子。华为把员工持股制度列入了"基本法"，公司实行按劳分配和按资分配相结合的制度。在股权分配上，向核心层和中间层倾斜，强调持续性贡献。这样的制度，就是把员工当作企业的合伙人的做法，不但鼓励了员工的积极性，而且能够使员工产生归属感，还有效地保持了员工的稳定工作，从而保证了公司的稳定性。

著名的企业管理专家麦肯锡曾经做过一个调查，针对数千名经理人的离职原因，这些企业精英们在回答他们离职的原因时，排列在最前面的三大原因是：工作成绩得不到公司充分的认同和肯定，在公司里得不到充分的沟通和信息，在公司里或所在的职位上没有发展的机会。从这份调查里，我们可以看出，人的需求不仅仅体现在物质方面，管理者即使给员工很好的待遇也不一定能够留住人才。员工不是一个仅仅为了追求物质、分享企业利润的人，特别是那些已经解决了基本的物质需要的员工，他们有被尊重的需要和实现自我价值的需要。这些需要，只有在员工被管理者当作企业的合作伙伴时才能够实现。

如果企业不能够和员工共命运，自然难以赢得员工的心。在那些管理者独断专行的企业里，员工更倾向于消极抵抗，一旦有了更好的选择，他们就会掉头而去。而在那些尊重员工、重视员工的企业里，员工就会把自己的命运和企业命运紧紧联系在一起。世界知名企业惠普公司，对人的重视是它的公司管理中最重要的一个方面。在这里，管理是开放式的，在它成立的18年间，公司里没有设立专门的人事部门，就是为了管理者和员工之间能够保持高度的接近和联系。直到1957年，惠普才成立了人事管理处，但这个部门并不是专门的人事管理部门，而是用来支持管理工作。在惠普，实验室设备库是不上锁的，工程师可以随意取用公司里所有的备品。惠普大部分的工作岗位都实行弹性工作制，公司里没有时刻表，不进行考勤。人事政策的原则是利益共享，公司的业务目标由管理者和员工一起制定并共同分担责任，任何一位员工都可以通过购买股票来分享公司的所有权，分享公司利润，取得个人发展的机会，员工们甚至会分担因公司营业额下滑而引起的麻烦。这样的管理方式自然会让员工和企业紧紧连在一起，同呼吸共命运。

我们在生活中，总是看到很多企业把顾客就是上帝放在重要的位置上，充分强调了顾客对于企业的重要性。当然，重视顾客的意见和需求是十分必要的，但是，管理者应该清楚，把顾客放在第一位并不是说明顾客比员工更重要，因为顾客想要得到的服务需要靠员工的工作来实现。即使企业推出各种各样的措施和政策，顾客也需要借助于员工的服务态度、工作主动性来感受到。从这个意义上来说，只有员工满意了，才能够达到让顾客满意的目的。

在惠普公司，顾客始终被放在很重要位置上，它声明要为顾客提供最好的服务，同时，他们也强调了员工的重要性："我们面对任何情况都坚信：只要给予员工适当的手段和支持，他们就会愿意努力工作并一定会做得很好。我们吸纳那些能力超卓、个性迥异及富于创新的人加入惠普，我们承认他们对公司所做的努力和贡献。惠普人积极奉献，并能分享其通过努力所获得的成功。"一个企业的管理者对于员工的成功时时感到欣慰的时候，也正是员工对于管理者的回报在一天天增加的时候。

慧眼识人，主动创新

现代企业管理者要发现企业中的优秀人才，把他们放到合适的位置上，这样才能充分发挥人才的作用，形成企业最大的竞争力。尽管现在很多企业的管理者都意识到了人才的重要性，也开始想尽办法去网罗人才，但并不是每一个管理者都能够很好地识人、用人。为了能够在企业中聚集起一批促进企业发展的优秀人才，管理者就要能够慧眼识人。

管理者在选择员工的时候，要能够全面地看待一个人，做到从大处着眼，能够给员工以正确的评价，取人之长，克服其短。对于员工的特长，要进行充分的肯定，给他发挥的舞台。要知道，人没有十全十美的，任何人都有优点和缺点，即使是人才，也不可能无所不知、无所不晓。对于不可能尽善尽美的人，管理者不能苛求。一个员工，各方面都很平庸，只有在一个方面超乎常人，同样是人才，这样的人，在专业化分工越来越细的今天，反而显得更加难能可贵。把这样的人才团结在企业中，才能够使整个企业的员工在互动中取长补短，形成集体智慧。管理者要抓住员工的品质个性中的优点，根据每个人的专长安排工作，以便做到人尽其才。

在我国的知名企业海尔集团，崇尚人才是他们的管理哲学。海尔认为：企业的发展离不开各种人才的支持，所以，海尔的每一位员工都得到了真正的尊重和信任，海尔为所有的员工都提供了可以发挥才能的舞台，用海尔总裁张瑞敏的话说"你能翻多大的跟头，就给你搭多大的舞台"。在这样的氛围中，海尔的每一位员工都被当作人才来对待，他们能够感受到自身的价值，所以能够不断焕发出自身的潜能，使海尔具有蓬勃生机。在海尔"人人是人才"的用人理念下，他们选用的并不是最优秀的员工，但是管理者懂得发挥每一位员工的长处，把每一位员工都放在最适合他能力发挥的位置上，从而使员工的个人价值得到发挥，创造性大大提高。

管理者还要发展的看人，既要看到员工的历史，又要关注员工的现在。对于员工的进步和变化给予充分肯定，对于员工暂时的错误，不能一棍子打死，也不能因为他的历史而对他有偏见，避免武断地给一个员工下结论。在使用人才的过程中，要赏罚分明，升降有度。对于员工工作中可能出现的偏差和错误，要给予及时的提醒和引导．帮助员工更好地进步。

海尔的人才观是"兵随将转，无不可用之人"。海尔的员工，只要努力工作都会有所作为。任晓全是海尔的一名农民合同工，他从技校毕业到海尔的冰箱车间工作。任晓全努力改进冰箱工艺，顺利解决了冰箱溢料的问题。他的发明在海尔立刻得到了推广，他受到了全厂表扬，还被评为优秀员工，后被提拔为车间主任。任晓全说："在海尔，你就是有小小的一点儿成绩，都会被及时发现得到肯定。"在海尔，不乏博士、硕士这样的高学历人才，但是管理者并不因为一位普通员工过去的学历和工作经验问题而有丝毫的偏见，他们能够看到一个普通员工工作中的成绩并给予肯定，这就是用发展的眼光去看人，从而避免了片面性。

管理者要善于利用员工的长处，宽容员工的短处，这是正确的识人之道，这样才能够做好伯乐，知人善任。有时候，用人时要有一点冒险精神的。美国著名的管理学家德鲁克说过：倘若所有的人都没有短处，其结果至多是一个平平凡凡的组织。一位管理者如果只能见人之短，而不能见人之长，是无法正确的识人的。

很多企业对于跳槽人员的任用都十分谨慎，他们大多认为跳槽的员工不忠诚或者有过严重的错误，不值得信任。而日本住宅工业巨子三泽却不这么认为，在他的公司里，1300名正式员工中，有近600名的员工有过跳槽经历。三泽认为，"纯血主义"会让自己的公司画地为牢，而"杂交品种有很强大的优势"。他大胆任用跳槽员工，给他们能够充分发挥自己能力的舞台。跳槽员工不但给原有的员工带来了新思维和有用的信息，而且促进了企业和社会各界的交流，使得企业的活力增强了，员工们的潜能得到了充分发挥。

管理者如果不能够看到员工的长处，不能宽容员工的错误，那么员工们就不敢放手工作，不能够主动创新。所以，能够识人的管理者才能把那些曾经出过错、有缺点的员工放到最适合他们的位置上，使他们的活力和热情得到发挥。

人生智慧

◇企业管理的各个方面都是围绕着人来进行的。

◇取人之长，克服其短。

◇管理者要善于利用员工的长处，宽容员工的短处。

第四章

晏子与我聊职场晋升之道

　　"忠心事君，忠诚报国"，忠于国君、热爱国家，是晏子作为执政大臣所持有的基本态度。但与别的政治家不同的是，他并不是无条件地、盲目地忠于某一个君主，而主要是忠于君主所代表的政权、所代表的制度、所拥有的国家，这一点对于今天的企业员工来说，这是必须要学习的。

忠诚员工，老板最爱

【聊天实录】

我：晏老先生，您对老板最爱忠诚员工有何高见？

晏子：我曾在《晏子春秋》提到：故忠臣也者能纳善于君，不能与君陷于难。

我：您这句话该如何解释呢？

晏子：这句话的意思就是：所谓忠臣，是指能给君王献善言良策供他采用，而不是能与君同死难的人。

我：您的意思是说：公司的利益如果不能得到保障，那么个人利益就成了无源之水。尽自己最大的力量为企业创造更多财富，这是每一个员工的使命。企业这个大的团队得到了好的发展，作为其中的一员也就获得了更多的利益。

晏子：是的，你说得很对。皮之不存，毛将焉附？

【解读】 忠诚人才，会被重用

没有一个老板会不喜欢忠诚的员工，没有一个公司会欢迎不忠诚的员工。

我们都知道拿破仑曾经说过："不想当元帅的士兵就不是好士兵。"但大家知不知道有人还说过："不忠诚于统帅的士兵就没有资格当士兵，士兵必须忠诚于统帅，这是义务。"这是第二次世界大战时美国著名的将领麦克阿瑟的名言。作为企业中的一员，忠诚于自己所在的团体也是每个员工的义务。

上海一家外资企业，录用员工后的第一堂课就是"员工如何为企业服务"。之后，除了定期的业务学习外，公司还将"忠减员工"课程分成为何要忠诚于企业、频繁跳槽之优劣、国外忠诚员工等系列讲座，定期开讲。与员工签订并让其高声宣读："作为公司的一员，我将与企业同生死共命运，忠心耿耿地为企业服务……"等这样的誓言和保证。据称，如此这般培养"忠诚员工"的企业已越来越多。

越来越多的企业将员工的培养定位在"忠诚"之上，说明了企业在激烈的竞争常态之下，已经越来越体会到员工对于企业生存与发展的意义和作用。没有一个忠诚于自己企业的团队，没有这支团队的不懈努力，仅仅靠企业领导在市场激烈竞争中打拼，是难以取得竞争的主动权和制胜法宝的。

现在我们都面对世界级的激烈竞争，很多时候决定成败的往往是细节的竞争。成功的职业生涯不仅仅有才华就够，还有比才华更重要的东西，品质决定了的位置。

小狗汤姆到处找工作，忙碌了好多天，却毫无所获，他垂头丧气地向妈妈诉苦说："我真是个一无是处的废物，没有一家公司肯要我。"

妈妈奇怪地问："那么，蜜蜂、蜘蛛、百灵鸟和猫呢？"

汤姆说："蜜蜂当了空姐，蜘蛛在搞网络，百灵鸟是音乐学院毕业的，所以当了歌星；猫是警官学校毕业的，所以当了保安。和他们不一样，我没有接受高等教育的经历和文凭。"

妈妈继续问道："还有马、绵羊、母牛和母鸡呢？"

汤姆说："马能拉车，绵羊的毛是纺织服装的原材料，母牛可以产奶，母鸡会下蛋。和他们不一样，我是什么能力也没有。"

妈妈想了想，说："你的确不是一匹拉着战车飞奔的马，也不是一只会下蛋的鸡，可你不是废物，你是一只忠诚的狗。虽然你没有受过高等教育，本领也不大，可是，一颗诚挚的心就足以弥补你所有的缺陷。记住我的话，儿子，无论经历多少磨难，都要珍惜你那颗金子般的心，让它发出光来。"

汤姆听了妈妈的话，使劲地点点头。

在历尽艰辛之后，汤姆不仅找到了工作，而且还当上了行政部经理。鹦鹉不服气，去找老板理论，说："汤姆既不是名牌大学的毕业生，也不懂外语，凭什么给他那么高的职位呢？"

老板冷静地回答说："很简单，因为他很忠诚。"

这个世界需要秩序，而且是严密的秩序，这不仅仅是人类时间的法则，也是自然界的规则。在蜜蜂和蚂蚁的世界里，所有的工蜂必须忠诚于自己的统帅。它们必须任劳任怨地供养着蜂王，忠诚于蜂王，只有这样，才能确保整个蜜蜂世界的和谐统一，才能保证它们是一个充满战斗力的团体，可以抵御外界的一切突发状况。

一个团体必须有严格的秩序，才能确保行动的一致性和协调性。而对于团体核心的忠诚，则是整个团队实现自己目标的关键因素。依靠忠诚，才能形成巨大的合力，才会无坚不摧，战无不胜。

对于一个企业而言，员工必须忠诚于企业的领导者，这也是确保整个企业能够正常运行、健康发展的重要因素。员工的这种自下而上的忠诚对于企业来讲是必需的，如果要玩某种游戏，就必须遵守游戏规则，否则很快会被淘汰出局。

很多老板都认为，最有价值的助手一个最基本也最可贵的品质就是忠诚。如果我们足够优秀，自信能够得到重用，那么我们需要让老板感受到我们的忠诚，因为事实上老板正需要这样一个优秀又忠诚的帮手。

作为公司的一分子，给予公司忠诚，我们才能够得到你所需要的。因为只有公司发展了，我们才能得到更多的回报。而你的个人价值，也可以通过工作成果来证明和实现，忠诚是造就我们的职业声誉和个人品牌的最重要因素。

员工的忠诚受益者并不仅仅是企业，最大的受益者其实是员工自己。因为，一种职业的责任感和对事业的忠诚一旦养成，就会让我们成为一个值得别人信赖的人，可以被委以重任的人。

一点一滴中表现出忠诚

惠普始终坚信："惠普的成绩源自不断受到激励的员工：员工的忠诚是最为关键的因素，我们信任我们的员工会做出正确善良的事情，坚信他们在企业发展中具有重要的作用；每个人都在做出自己的贡献：不论职位、水平的高低，不论任职的长短；一个富有情趣，富有激励性的工作环境对于创新发明是至关重要的，多样的劳动力构成能增强我们的竞争能力，员工应当具有终身学习的意识。"

可以看到：惠普认为"员工的忠诚是最为关键的因素"，同时下面的话也正是他们心目中一个忠诚员工的表现，再来看看微软和宝洁是怎么认为的。

在Microsoft，他们认为："履行我们的使命需要具有睿智创新、积极进取的员工，他们需要具有下列价值观念：诚实、正直，对顾客、同伴以及技术充满热情，能对他人敞开心扉，对别人彬彬有礼，并以他人的幸福作为自己的快乐，以积极的心态面对困难，勇于战胜失败和挫折，具有自我批判精神，不断提高自身素质，对顾客、股东、同伴及老板承担起自己的责任和义务；富有创新精神，具有很强责任感的领导者，增强决策的创新性，努力使客户和同伴受益，增强决策的公开性和透明性，善于采纳反馈信息，与他人精诚合作以确保大家的决策成果能够协调运作。"

忠诚并不是简单的从一而终，也不是只要不离开这个公司就可以了。我们需要成为一名公司需要的人才，需要时刻以公司的发展为己任，不断提升自己，把对公司的忠诚体现在日常生活中的点点滴滴上。

在其他企业为我们提供更好的薪水和待遇等"糖衣炮弹"的攻击下，我们没有离开现在的公司，这是忠诚；要求经理该给我们加薪时，没有采用"跳槽"来威胁他，这是忠诚；不计较眼前的利益得失而长期奉献，这是忠诚；把自己所做的事业放在一个较广的范围内来对待，这是忠诚；对企业的前景充满了信心，这是忠诚；很信任我们的上司，这是忠诚；亲切友善地对待自己的同事，这是忠诚；经常对工作有高度的热情，能认真负责地完成任务，这也是忠诚……

"我对企业忠诚，所以我在尽职尽责地为我的企业和团队努力工作。"你可以坚定果断地这样说吗？

一个人是否真正地属于一个集体，并不在于形式上是否是集体的一员，关键的问题是能否承担起自己在集体中的责任，能否忠诚于自己的集体，这一点最重要。

我们属于这个企业，并不仅仅因为我们在这里工作，更是因为，我们对企业负有责任，我们必须忠诚于自己的企业，关键看我们的心在不在企业。

一个企业的老板说："我最不敢用频频跳槽的人，一个总想跳槽的人，很难对你的企业有足够的责任和忠诚。"虽然，频繁跳槽可能是因为他在不停地寻找更适合自己的位置，但对于老板来说，这个人的忠诚度会打上一个折扣。

作为一名员工，我们要信任自己的老板，相信我们的老板知道自己的价值，也要相信老板的内心一定有一个衡量的尺度，他知道我们对他的价值，也知道我们的忠诚对他的价值。所以，他一定不会让我们失望的，如果我们能够做到一名员工该做的，而且一直在努力。

而且我们要相信，老板也在为公司的每一名员工殚精竭虑，他要对这些在这里付出青春和热情的人有所交代，所以他必须努力去为这些人创造机会，以便让他们能够继续留在这里，并且认为留在这里对他们自己而言是有价值的。

忠诚是最基本的商业精神。作为公司忠诚的员工，他们会顾全大局，以公司利益为重，绝不会为个人的私利而损害公司的整体利益，甚至不惜牺牲自己的利益。他们相信，只有公司强大了，自己才能有更大的发展。事实上，有这样想法的员工才有可能被真正地委以重任。因为它们，才真正知道自己需要什么，企业需要什么，为公司盈利就是为自己赚钱

一个人要去往外国，他把仆人们叫来并将他的财产交给他们。按照各人的才干，给他们银币，一个给了五千，一个给了两千，一个给了一千。领五千的那个仆人随即拿去做买卖另赚了五千，那领两千的也照样另赚了两千，但那领一千的

却掘开地把主人的银币埋藏了进去。

过了许久，主人回来了，和他们算账。

那领五千银币的人又带着另外的五千银币说："主人啊，你交给我五千银币，请看，我又赚了五千。"主人说："好，你这又善良又忠心的仆人，你在不多的事上有忠心，我要把许多事派给你管理，可以进来享受你主人的快乐。"

那领两千的人也说："主人啊，你交给我两千银币，请看，我又赚了两千。"主人说："好，你这又善良又忠心的仆人，你在不多的事上有忠心，我要把许多事派给你管理，可以进来享受你主人的快乐。"

那领一千的人则说："主人啊，我知道你的心事，没有种的地方要收割，没有散的地方要聚敛。我就害怕，所以把你的一千银币埋藏在地里。请看，你的银子原原本本的在这里。"主人回答说："你这又笨又懒的仆人，你既知道我没有种的地方要收割，没有散的地方要聚敛，就当把我的银币放给兑换银钱的人，到我回来的时候，也可以连本带利收回。来人啊，夺过他这一千来，然后把这无用的仆人丢到外面去。"

大家会不会认为第三个仆人有些冤枉呢？他看起来也很忠诚啊，尽职尽责地为老板看管着财产。可是，从古老的中世纪到现在，作为老板，需要的不仅仅是有人帮他守着财宝，更需要有人创造出新的财富。

有人认为自己很忠诚，也很卖力地工作，可是何以见得呢？怎么才能让老板看到自己是个有才能的忠诚员工呢？

麦克是一家食品公司的销售代表，对自己的销售纪录引以为豪，曾有几次，他向他的老板解释说，他是如何地卖力工作，劝说一位零售商向公司订货，可是，他的老板只是点点头，淡淡地表示赞同。

最后，麦克鼓起勇气，"我们的业务是销售食品，不是吗？"他问道，"难道你不喜欢我的客户？"

他的老板直视着他说："麦克，你把精力放在一个小小的零售商身上，可他耗费了我们太多的精力，请把注意力盯在一次可订上万件货物的大客户身上。"

麦克明白了老板的意思，老板要的是为公司赚大钱，于是他把手中较小的客户交给一位经纪人，自己努力去找主要客户——为公司带来巨大利润的客户。他做到了，为公司赚回了比原来多几十倍的利润。

我们当然不会像第三个仆人那样笨，但我们会不会犯麦克那样的错误呢？忙忙碌碌只是过程，老板需要看到的是结果。如果我们能始终把公司的经济效益放在心上，相信我们就能够积极思考，不断克服困难，为公司创造致富。

市场经济的鲜明特点就是以经济利益为依归的优胜劣汰机制，为了在这个机制中胜出，大到国家、企业，小到个人，都需要拼命创造出尽可能多的财富。有了财富，才有企业的发展壮大，才有个人的安居乐业。

公司雇用我们，最直接的目的就是希望能为公司创造收益，不能替公司赚钱，老板雇我们干什么呢？公司为你提供舞台，我们的个人收入是为公司创造收益的副产品，为公司赚得越多，我们的收入也会水涨船高。我们是否热情、是否勤奋、是否进取、是否充满使命感……最终体现在于我们能否创造财富。获取财富虽然不是我们工作的唯一目的和收益，但却是衡量我们工作成绩的重要量化工具。

人 生 智 慧

◇皮之不存，毛将焉附？

◇士兵必须忠诚于统帅，这是义务。

◇一个好员工必然是能为公司创造财富的员工。

企业角度，思考问题

【聊天实录】

我：晏老先生，您对站在企业的角度思考问题有何高见？

晏子：我曾在《晏子春秋》提到：以谋胜国者，益臣之禄；以民力胜国者，益民之利。故上有羡获，下有加利。君上享其名，臣下利其实。故用智者不偷业，用力者不伤苦，此古之善伐者也。

我：您这句话该如何解释呢？

晏子：这句话的意思就是：以谋略战胜敌国的时候，就应该给谋臣增加俸禄；以民众力量战胜敌国的时候，就应该给民众增加利益。所以，当君王有多余的收获时，也应该使自己的臣民获得实际利益。真的实行了这样的政策，以智慧被任用者就不会懈怠苟且，以劳力被使用的民众也就会不怕吃苦劳累，这正是古代善于表彰者的政策。

我：您的意思是说：大家总是将工作关系理解为纯粹的商业交换关系，认为相互对立是理所当然的。其实，虽然雇佣与被雇佣是一种契约关系，但是并非对立。从利益关系的角度看，是合作双赢；从情感关系角度看，可以是一份情谊。

晏子：是的，你说得很对。站在企业的角度思考问题，才会成为企业需要的人才。

【解读】　　　　自己努力，不抱怨

大卫刚进入一家公司的时候，他的上司很器重他，把他派到了非洲做开辟市场的一位经理。为了不辜负上司的信任，他毫无怨言地离开美国，去了那块陌生而又不发达的土地。

在非洲，大卫努力克服水土不服、生活不适应等问题，尽力展开工作。他发现一个人远离了公司是多么的势单力薄，但他却必须去开拓一片空白的市场！他所忍受的是比孤寂更大的工作压力，他不仅要代表公司去谈业务，还要亲自去码头取货、送货，可他没有一句怨言，把这一切当作了总部对他的锻炼。

然而，在非洲这块土地上，无论他怎样辛勤地劳作，都没有获得在本土的时候一半的成绩。两年多来，他成了同事中进步最小的、业绩最差的一个，上司对他的表现非常不满，对他的工作支持也少了。

辛勤努力，换来的并不是上司的赏识，而这种赏识对大卫能否在非洲坚持下去至关重要，这使他在一段时间里感到了悲凉，觉得前途黯淡。

然而，他最终坚持了下来。他并没有去埋怨上司，而且与上司保持着沟通，并尽力站在上司的角度来看待自己的委屈。自己工作确实非常努力，可是上司远在异乡看不到，他看到的只是业绩，所以不要责怪他不理解自己。自己需要做的是坚持下去，直到上司看到自己的努力。

终于，市场有了重大的转机，经过大卫的不懈努力，非洲市场已经成为公司很大的一块利润来源。

国际人力资源管理顾问安东尼博士，有一次在上人力资源管理课时候说："企业家是世界上最苦、最累、最孤独、最不容易的人。当你将一件事看成是事业的时候，就算有千万种困难，你都必须去解决；就算有多苦，你都要坚持下去；就算和你一起战斗的战友一个个舍你而去，只要你一息尚存，就必须熬下去。"

交换角度思考问题

很多时候，我们可以因为一个陌路人的点滴帮助而感激不尽，但我们却总是无视朝夕相处的老板的种种恩惠。不要认为老板就是剥削你的人，你可曾看到他们的责任和压力？遇到委屈的时候，试着站在他们的角度去想想。

员工甲对乙说："我要离开这个公司，我恨这个公司！"

乙说："我举双手赞成你报复！破公司一定要给它点颜色看看。不过你现在离开，还不是最好的时机。如果你现在走，公司的损失并不大。你应该趁着在公司的机会，拼命去为自己拉一些客户，成为公司独当一面的人物，然后带着这些客户突然离开公司，那样公司才会受到重大的损失，陷入被动的局面。"

甲觉得乙说得非常有理，于是努力工作，事遂所愿，半年多后，他有了许多忠实客户。乙对甲说："现在是时机了，要跳槽，赶快行动。"甲淡然笑道："老总跟我长谈过，准备升我做总经理助理，我暂时没有离开的打算了。"

如果早点努力工作，也就没有当初的抱怨了。所以不要总是抱怨老板，问一问你自己，你为企业到底付出了多少？你到底努力了几分？你的付出是否大于收获？如果你是老板，会为自己的表现打多少分？会不会给自己提供更广阔的发展空间？

站在企业的角度思考问题，我们才能成为企业需要的优秀人才，同时，我们也会因为视角的不同，为日后的成就奠定坚实的基础。

小王从经济管理系本科毕业时，有四个工作机会可以选择，他却决定当一家化妆品公司的经理助理。交接那天，前任助理告诉他："在这里简直就是浪费时间！"因为助理的任务就是收发公文、做会议记录、安排经理的行程，简单地说就是打杂。同样的工作，在不同人的眼中，却有天壤之别。

小王却认为，每天接触公司的决策文件，可以看出经理批公文的思路，一场场会议记录让他见识到企业如何经营、决策如何产生。他说："再没意思的工作，如果用老板的眼光来看待，就能看出价值所在。"

当年那个"逃走"的助理不知际遇如何，但小王已经成为一家年盈利千万的公司老总。

人生智慧

◇只要你一息尚存，就必须熬下去。

◇站在企业的角度思考问题，你才能成为企业需要的优秀人才。

◇同样的工作，在不同人的眼中，却有天壤之别。

多和老板，交流沟通

我：晏老先生，您对和老板交流沟通有何高见？

晏子：我曾在《晏子春秋》提到：夫厚取之君而施之于民，是臣代君君民也，忠臣不为也。厚取之君而不施于民，是为筐箧之藏也，仁人不为也。进取于君，退得罪于士，身死而财迁于他人，是为宰藏也，智者不为也。

我：您这句话该如何解释呢？

晏子：这句话的意思就是：从君王那里取很多钱财而分给人民百姓，这是臣子代替君王君临天下，忠臣不做这种事。从君王那里取很多钱财却不给百姓，这是把自己当成筐和箱子来收藏财产，仁人不做这种事。在君王那里取得财产，回来却不分给手下的士而得罪他们，一旦死去则财产被他人拿走，这是为家臣收藏，聪明的人是不干这种事的。

我：您的意思是说：作为一名企业的员工，在面对自己的工作的时候，如果有任何疑问或者是好的建议，多和老板分享，就会有不可思议的收获。

晏子：是的，你说得很对。多跟老板沟通，绝对是有好处的。

【解读】 和老板交流意见

　　杰克从小就被父母教导，要埋头苦干不要夸夸其谈，这招儿在学校挺灵验。到了公司，杰克依然不怎么跟人说话，他谨守父训：事业是干出来的，不是用口夸出来的。部门会上讨论项目，杰克也总是躲在角落，虽然他觉得那几个口若悬河的家伙，说了许多废话，提的建议也不怎么高明，可他也不愿出风头去与他们争辩。但部门经理特别喜欢那些发言活跃分子，对于埋头苦干的杰克常常视而不见。时间长了，看到身边的同事不是涨工资，就是被提升，杰克觉得很郁闷，于是他尝试改变自己。

他努力和领导进行沟通，把自己的新想法告诉上级，并且让上级给他提出建议。一开始，上级并不重视，可是后来，发现杰克还是很有智慧的人，采纳了他的建议。由于杰克的建议给公司创造了业绩，上级越来越重视他，他也越来越敢于和老板分享，形成了良性循环。他现在变得非常开心。

在现实生活中，能够准确、完整地表达自己的想法才能获得别人的好感和信赖。我们从小学到中学，又从中学进入大学，生命中的很大一部分时间都是在学校度过的。可是我们回忆一下，做了这么多年学生的我们，是否了解老师的心思呢？是否知道最令老师失望的学生是什么样的呢？

也许大家觉得是成绩不好、调皮捣蛋的学生最令老师感到失望，但事实却非完全如此。前一阵子，从一位做高中老师那里得到了令我惊讶的答案，老师对学生最感到失望的莫过于当他问"你的看法如何"时，得到的是沉默或者"跟刚才的人说的一样"。我们应该学会表达自己的看法，即使是与别人意见相同，也应该用自己的语言把它表述出来。

作为员工，也同样如此。如果我们不能或者不愿将自己的想法表达出来，那么我们就很难与老板进行友好的交流，而一个不能清晰表达自己的思想、不善于陈述自己想法的员工也很难得到老板的欣赏和信赖。老板需要的是充满活力和热情的员工，我们若沉默不语，通常会被理解为漠不关心。

人与人之间需要沟通，其重要程度往往超出我们的想象。对于我们的企业、我们的工作，我们可能会有各种各样的意见和建议。我们不应该只是发牢骚或者想想而已，我们的这些意见和建议需要让老板知道。多和老板分析你的想法，会让我们工作得更开心。只是，需要注意，跟老板的意见交流同样需要技巧。

有技巧的和老板交流

员工小张总是受到年轻的部门经理的斥责，为了缓和这种不协调的上下级关系，一次周末，小张邀请经理与自己共进晚餐。美酒佳肴下肚以后，小张开始掏出肺腑之言："你对我经常加以指责，使我常处于羞愧与愤怒之中，心情很不愉快。老实说，你的指责有点过分了，我的过失并没有你说的那样严重。我的确有点怀恨在心，想找个机会报复你，可是后来冷静一想，你对我的种种指责，毕竟说明了我确有不妥的地方，正是指责让我看到了自己身上的缺陷和不足。我们相处这么多年，你的确使我进步了许多，所以，现在我觉得，我不仅不应该忌恨你，还应当感谢与你相处而带来的种种好处呢。"

这番看似自我检讨的话，事实上是对上司的巧妙提醒，后来不仅上下级之间的关系得到缓和，而且两人还成为好朋友。

和老板分享自己的想法确实是需要一点技巧的，我们需要充分考虑谈话的内容和表述方式，经过自己深思熟虑，懂得如何巧妙地提出。这关系到我们是否能得到提拔，是否会被委以重任，是否能得到更好的发展际遇。

老板要办的事很多，但人的精力总是有限的，而且，智者千虑，必有一失。如果员工提出的建议，能让工作进展更好，他心里当然会感激员工。

如果你是一个不善于陈述自己想法的人，那么从今天起就一定要尽心尽力地学习掌握这种能力，因为这是获取老板信赖必不可少的条件之一。千万不要任意轻视这种能力，在与老板相处时，若能恰到好处地陈述自己的想法，那么老板在了解你内心想法的同时，还会更加了解你、欣赏你、信赖你。

人 生 智 慧

◇人与人之间需要沟通，其重要程度往往超出你的想象。

◇和老板分享自己的想法确实是需要一点技巧的。

◇智者千虑，必有一失。

【聊天实录】

我：晏老先生，您对工作第一有何高见？

晏子：我曾在《晏子春秋》提到：富，如布帛之有幅焉，为之制度，使无迁也。夫民生厚而用利，于是乎正德以幅之，使无黜慢，谓之幅利，利过则为败。

我：您这句话该如何解释呢？

晏子：这句话的意思就是：富有，就如同布帛一样，应该有一定的幅度，即给富有规定一个限度，并且使之不能改变。人民百姓总是喜欢生活优厚富有而器物使用便利，所以才需要用公正的品德加以教育使之遵守，让道德不因财富而被废弃或轻慢，这就是所谓限制私利，私利太多了就会败坏道德。

我：您的意思是说：当大家有权利选择最轻松、最惬意的工作的时候，老板也有权利选择最敬业、最卖命的员工。人在职场，如果对上头交办的事务和其他部门商请的工作，能推就推、能挡就挡，不愿意多牺牲一点自己的时间和精力，那么到头来会发现，自己所在部门的重要度与影响力将会越来越低，自己的话语权与活动空间将会越来越小。

晏子：是的，你说得很对。没有企业愿意出钱养闲人。

【解读】 　　工作第一，自我退后

一位年近五旬的开发商，人人谓之"铁算盘"的老企业家。从楼盘打地基到100多栋楼齐齐拔地而起，他天天都在现场第一线指挥，从没休息过半天。

当时，楼盘的游泳池刚建成，第一次灌了满池的水清洗消毒，但却无法放走，一个个工程师都百思不得其解。这个时候，已经熬了两个通宵、声音沙哑的"铁算盘"指着池底说："可能是下面的出水口堵塞了。"那些专业的工程师个个都说不可能。他二话没说就跳进脏兮兮的游泳池，很快就从水里挖出一个粉红色的塑料袋，"就是这个袋子塞住了出水口。"全场寂然。

大家心里无比震撼，现场一个个比他年轻的工程师没有人肯跳下去，到底是什么驱使这个身价过亿的老板有如此勇气跳进满是苏打水、消毒水和泥沙的水池里？

当我们把工作放在非常重要的位置上时，就会发挥出自己都无法想象的潜能，创造出极佳的业绩。作为一名职员，没有什么可以依赖，只有比别人更多一点奋斗，只有在别人喝咖啡和休闲、健身的时间都在忘我工作，否则很难拉开与别人的差距。

当松下公司刚开始制造收音机时，生产出来的产品故障非常多，调整也很困难，听众常常因收音机故障而听不到想听的节目，常常感到遗憾。松下幸之助产生了一种强烈的愿望，一定要用自己的手制造出没有故障、使用方便的收音机。

松下幸之助马上叫来负责技术的员工，下令设计出新型的收音机。技术员听了很吃惊，说这太难了，希望给予充足的时间来研究。他的话不是没有道理，当时的松下电器创业时间很短，只能生产配线器和电热器，也没有收音机专家。

松下幸之助鼓励他："你说得不是没道理，请看一下你戴的手表，在那么小的地方，安装了那么多零件，它不是也在正常运转吗？收音机也不是不可能做到这一点，关键看你是否有必胜的信心。"

于是那位技术负责人下定决心，无论如何也要设计出来。他放弃了休息，夜以继日，沉浸于严肃认真的开发之中。结果仅用了三个月时间就制造出在当时的技术条件下近乎理想的收音机。正巧当时CHK征选收音机，于是带着它去应征，结果压倒了同行的老厂，以第一名的资格入选，令松下幸之助大吃一惊。

后来松下幸之助把这位技术负责人提拔为工厂主管，用来感谢他的牺牲精神，而那位负责人也感慨道："原本看上去不可能完成的任务，居然这么轻易就被战胜了。一个人如果能有为工作牺牲的精神，好像什么问题都难不倒啊。"

甘愿为工作做出牺牲

享乐倾向，塑造了一批又一批过于懒散、叛逆、缺乏敬业精神的"Lazy-族"。他们可曾想过，自己是否真的拥有了不经努力随随便便就能成功的天赋。如果没有，怎可不努力工作！

对艾伦一生影响深远的一次职务提升是由一件小事情引起的，一个星期六的下午，一位律师——其办公室与艾伦的同在一层楼，走进来问他，哪儿能找到一位速记员来帮忙，自己手头有些工作必须当天完成。

艾伦告诉他，公司所有速记员都去观看球赛了，如果他晚来5分钟，自己也会走。但艾伦同时表示自己愿意留下来帮助他，因为"球赛随时都可以看，但是工作必须在当天完成"。

做完工作后，律师问艾伦应该付他多少钱，艾伦开玩笑地回答："哦，既然是你的工作，大约1000美元吧。如果是别人的工作，我是不会收取任何费用的。"律师笑了笑，向艾伦表示谢意。

艾伦的回答不过是一个玩笑，并没有真正想得到1000美元，但出乎艾伦意料，那位律师竟然真的这样做了。6个月之后，在艾伦已将此事忘到了九霄云外时，律师却找到了艾伦，交给他1000美元，并且邀请艾伦到他的公司工作，薪水比现在高出1000多美元。

艾伦放弃了自己喜欢的球赛，多做了一点工作，最初的动机不过是出于乐于助人的愿望。艾伦并没有义务放弃自己的休息去帮助他人，但他的这种放弃不仅为自己增加了1000美元的现金收入，而且为自己带来一项比以前更重要、收入更高的职务。

工作要我们付出的牺牲可能很多，包括休闲，包括陪家人的时间，而业绩无疑是最好的回报。常常有刚踏入职场的年轻人，不愿为工作牺牲哪怕一丁点儿的私人时间，坚决拒绝加班。理由是：下班后的时间是属于我自己的，况且即使我在加班，也未必能被领导看见。这种人的职业前景恐怕不太乐观。

西方有句谚语："没有痛苦就没有收获。"这句话也正好可以拿来解释在最新的一份调查里，何以有33%的美国人同意长时间工作，因为，长工作时间也意味着经济繁荣和更高品质的生活。

几乎所有欢乐的取得都要经历痛苦，只是承受痛苦的方式不同而已。为了成功，唯有竭尽全力。等待我们的并不一定都是成功和喜悦，但是我们最终明白：那些曾经奋斗拼搏的日子正是追求幸福的过程，曾经的无悔付出也终将绽放出灿烂的花朵。

人生智慧

◇没有企业愿意出钱养闲人。

◇工作第一，个人退后。

◇曾经的无悔付出也终将绽放出灿烂的花朵。

从"要我做"，到"我要做"

【聊天实录】

我：晏老先生，您对从"要我做"，到"我要做"有何高见？

晏子：我曾在《晏子春秋》提到：富而不骄者，未尝闻之；贫而不恨者，婴是也。所以贫而不恨者，以善为师也。今封，易婴之师，师已轻，封已重矣，请辞。

我：您这句话该如何解释呢？

晏子：这句话的意思就是：富有而不骄傲的人，我没听说过；贫穷而不怨恨的，我晏婴就是啊！之所以贫穷而不怨恨，是因为我以贫穷时的美德为宗旨。今天若赐给我封地，是让我改变宗旨，人生宗旨轻了，封赏使人富有了，但我不愿意，所以请求辞掉一切给我的封赏。

我：您的意思是说：所谓主动，就是没有人要求、强迫，你能自觉而且出色地做好需要做的事情。一个做事主动的人，知道自己工作的意义和责任，并随时准备把握机会，展示超乎他人要求的工作表现。

晏子：是的，你说得很对。个人的主动进取精神很重要，许多公司都努力把自己的员工培养成主动工作的人。

【解读】　从"要我做"，到"我要做"

工作中，我们不应该抱有"公司要我做些什么"的想法，而应该多想想"我要为公司做些什么"。某些时候，全心全意、尽职尽责是不够的，还应该比自己分内的工作多做一点，比别人期待的更多一点，如此才可以吸引更多的注意，给自我的提升创造更多的机会。

当然，我们没有义务去做自己职责范围以外的事，但是我们也可以选择自愿去做，以驱策自己快速前进。率先主动是一种极珍贵、备受看重的素养，它能使人变得更加敏捷，更加积极，积极的工作态度能使你从竞争中脱颖而出。

世界著名的成功学专家拿破仑·希尔曾经聘用了一位年轻的小姐当助手，替他拆阅、分类及回复他的大部分私人信件。当时，她的工作是听拿破仑·希尔口述，记录信的内容，她的薪水和其他从事相类似工作的人大致相同。

有一天，拿破仑·希尔口述了下面这句格言，并要求她用打字机打印出来："记住：你唯一的限制就是你自己脑海中所设立的那个限制。"

她把打好的纸张交还给拿破仑·希尔时说："你的格言使我获得了一个想法，对你、我都很有价值。"

拿破仑·希尔

这件事并未在拿破仑·希尔脑中留下特别深刻的印象，但从那天起，拿破仑·希尔可以看得出来，这件事在她脑中留下了极为深刻的印象。她开始在用完晚餐后回到办公室来，并且从事不是她分内的而且也没有报酬的工作。她开始把写好的回信送到拿破仑·希尔的办公桌来，她已经研究过拿破仑·希尔的风格。因此，这些信回复得跟拿破仑·希尔自己所写的完全一样好，有时甚至更好。她一直保持着这个习惯，直到拿破仑·希尔的私人秘书辞职为止。当拿破仑·希尔开始找人来补这位男秘书的空缺时，他很自然地想到这位小姐。

但在拿破仑·希尔还未正式给她这项职位之前，她已经主动地接收了这项职位。由于她在下班之后，以及没有支领加班费的情况下，对自己加以训练，终于使自己有资格出任拿破仑·希尔的秘书。

不仅如此，这位年轻小姐高效的办事效率引起了其他人的注意，有很多人为她提供更好的职位请她担任。她的薪水也多次得到提高，最后已是她当初时作为普通速记员薪水的4倍。

我们不应该抱有"我必须为公司做什么"的想法，而应该多想想"我能为公司做些什么"。一般人认为，忠实可靠、尽职尽责完成分配的任务就可以了，但这还远远不够，尤其是对于那些刚刚踏入社会的年轻人来说更是如此。要想取得成功，必须做得更多更好。

"我要做"某件事情，初衷也许并非为了获得报酬，但往往获得的更多。

❧ 毛遂自荐，获得成功 ❧

毛遂在平原君门下已经三年了，一直默默无闻，总得不到施展才能的机会。

一次，秦国大举进攻赵国，秦军将赵国都城邯郸团团围住，情况十分危急，赵王只好派平原君赶紧出使楚国，向楚国求救。

平原君到楚国去之前，召集他所有的门客商议，决定从这千余名门客中挑选出20名能文能武足智多谋的人随同前往。他挑来挑去最终只有19人合乎条件，还差一人却怎么挑也总觉得不满意。

这时，只见毛遂主动站了出来说："我愿随您前往楚国！"

平原君一看，是平常不曾注意的毛遂，便不以为然，只是婉转地说："你到我门下已经三年了，却从未听到有人在我面前称赞过你，可见你并无什么过人之处。一个有才能的人在世上，就好像锥子装在口袋里，锥尖子很快就会穿破口袋钻出来，人们很快就能发现他。而你一直未能出头露面显示你的本事，我怎么能够带上没有本事的人同我去楚国行使如此重大的使命呢？"

毛遂并不生气，他心平气和地据理力争说："您说得并不全对。我之所以没有像锥子那样从口袋里钻出锥尖，是因为我从来就没有像锥子一样放进您的口袋里呀。如果早就将我这把锥子放进口袋，我敢说，我不仅是锥尖子钻出口袋的问题，我会连整个锥子都像麦穗子一样全部露出来。"

平原君觉得毛遂说得很有道理且气度不凡，便答应毛遂作为自己的随从，连夜赶往楚国。

一到楚国，已是早晨。平原君立即拜见楚王，跟他商讨出兵救赵的事情。可是这次商谈很不顺利，从早上一直谈到了中午，还没有一丝进展。面对这种情况，随同前往的20个人中便有19个只知道干着急，在门外跺脚、摇头、埋怨。唯有毛遂，眼看时间不等人，机会不可错过，只见他一手提剑，大踏步走进屋里，面对盛气凌人的楚王，毛遂毫不胆怯。他两眼逼视着楚王，慷慨陈词，申明大义，他从赵、楚两国的关系谈到这次救援赵国的意义，对楚王晓之以理动之以情。他的凛然正气使楚王惊叹佩服，他对两国利害关系的分析深深打动了楚王的心。通过毛遂的劝说，楚王终于被说服了，当天下午便与平原君缔结盟约。很快，楚王派军队支援赵国，赵国于是解围。

事后，平原君深感愧疚地说："毛遂原来真是了不起的人啊！他的三寸不烂之舌，真抵得过百万大军呀！可是以前我竟没发现他。若不是毛先生挺身而出，我可要埋没一个人才呢！"

毛遂自荐的故事大家耳熟能详，可是两千年过去了，今天的我们，是否有毛先生的勇气和魄力？机会并不是苦苦等待就会降临的。

斯迈尔斯说："碰不到机会，就自己来创造机会。"机会之门要靠自己的力量来打开，所以每天都要不断地努力，并且对工作充满自信和兴趣。

机会不会因为等待而来，所以你必须去争取！15岁的亨利向哥哥借了0.25元美金，在报纸上刊登了一行小字广告：做事认真、勤奋苦干的少年求职。

不久，他就被著名的比达韦尔公司雇用了。他开始当的是服务生，薪金很少，工作繁杂、紧张，但他总是挂着一脸微笑，对别人的工作也尽力帮助。后来，亨利受到董事长垂爱并获得资助，因开办制铁厂成为千万富翁。他的朋友钢铁大王卡内基在自传里称赞说："亨利就是这样自动地、积极地创造机会，开拓自己的前程。"机会偏爱有心人，它只留意那些有准备的头脑，只垂青那些懂得追求它的人，只喜欢有理想的实干家。倘若饱食终日，无所用心，或一遇逆境就悲观失望，灰心丧气，那么，机会是不会自动来拜访的，把握机会，寻求机会对每个人的人生都非常重要。

动物王国里新建立了剧场，各个岗位都有了合适的人员，唯独缺少一名销售员。狗熊毛遂自荐要做这份工作，大家都讥笑它，但是因为没有合适的人选，所以狗熊很快就上岗了。

后来，狗熊的工作并没有它最初说的那样出色，但它毛遂自荐的精神却受到了狮子经理的肯定。

机会很少主动来敲门，我们要想得到它，必须积极地寻找机会，敏锐地识别机会，果断地抓住机会，准确地利用机会。而绝不能只把希望寄托在那些偶然事件上，抱着守株待兔的侥幸心理去消极地等待机会。机会来临，当别人看不到我们的时候，我们就应该主动地站出来，让别人认识自己，证明自己的存在，亮出我们的能力和实力。

人 生 智 慧

◇从"要我做"，到"我要做"。

◇碰不到机会，就自己来创造机会。

◇机会很少主动来敲门。

第五章

晏子与我聊员工信仰问题

　　"廉洁节俭，戒奢拒腐"，晏子认为统治集团奢侈腐化的生活，是导致加重人民的赋税与徭役负担的重要原因。要想减轻人民的负担，首先必须控制统治集团对财富的肆意挥霍。而对于今天的企业员工来说，只有领导者自己以身作则，克己奉公，才能让员工们效仿下去。

懂得分辨，不可愚忠

我：晏老先生，您对不愚忠有何高见？

晏子：我曾在《晏子春秋》提到：君正臣从谓之顺，君僻臣从谓之逆。

我：您这句话该如何解释呢？

晏子：这句话的意思就是：国君公正而臣下服从，这叫顺从；国君邪僻而臣下服从，这叫悖逆。

我：您的意思是说：作为一名员工，在面对领导者的决策的时候，一定不要盲目地附和和遵从，而是要先分辨清楚是对是错，这样企业才能稳定的发展。

晏子：是的，你说得很对。顺逆之道，关乎社稷。

【解读】　　　董狐直笔记赵盾

春秋时期，晋襄公早逝，由于太子夷皋年龄还小，晋国陷入混乱。为了保持国内稳定，上卿赵盾想改立襄公的弟弟公子雍为新君。

眼看亲子要失去君位，夷皋的母亲穆嬴每逢朝会就在朝堂哭诉："先君有什么过失？太子只是年幼，有什么罪过吗？你们废了太子就不怕坏了祖制吗？你们眼里还有先君吗？"夷皋虽然不懂事，却也跟着一起大哭，场面甚是凄凉。

为争取君位，穆嬴还抱着夷皋到赵盾家里说："先君临终前将太子托付给您，您难道忘了吗？您当初恳切地答应要照顾太子，先君这才放心地去了。而今您要废黜太子——百年之后，您如何去见先君？"

赵盾于情不忍，也担心会闹得人心惶惶，不得安宁，便不再坚持改立。于是公元前620年，夷皋即位为君，是为晋灵公。由于灵公年幼，上卿赵盾担任辅政大臣，主持朝政。赵盾权势很大，并且为人严厉，对灵公的管教也非常严格，所以有时难免会招致灵公的怨恨。

到公元前607年的时候，灵公已经成年，他对赵盾的管教十分厌恶，一味贪玩淫乐，不思进取，一来二去，君臣之间渐渐产生了隔阂。这时，晋国有个十分善于阿谀奉承的大夫，名叫屠岸贾。在他的诱导下，灵公的恶行日甚一日，后来竟然发生了君臣二人在高台上用弹弓射击百姓的荒唐事。

赵盾很生气，强谏灵公，要求他悔过自新，并严厉地斥责了屠岸贾。迫于压力，灵公只得低头认错，表示悔过。

哪知屠岸贾怀恨在心，竟然挑唆灵公阴谋加害赵盾！在灵公的首肯下，他派刺客钽麑前去刺杀赵盾。不料钽麑感动于赵盾的一片忠心，发出警示后触树而死。

一计不成，屠岸贾又秘密训练犬戎国进贡的灵獒，他命人依照赵盾的衣饰做了一个草人，在草人腹中塞入羊肉。然后每天让灵獒饿着肚子，只有抓破草人才能吃到羊肉。训练得差不多了，灵公在公宫赐宴赵盾。赵盾进宫，灵獒蹿出。紧要关头，赵盾的随从提弥明冲出，搏杀了灵獒。恼怒之下，灵公命护驾武士追杀赵盾，寡不敌众的提弥明惨死在乱剑之下。

赵盾趁乱逃出，为避祸患，他带着儿子准备逃亡。出城时，在族弟赵穿的劝阻下，赵盾在离绛都不远的首阳山暂住下来。不久，赵穿发动突然袭击，将灵公杀死在桃园，随后派人接回赵盾。

大臣和老百姓早就痛恨灵公无道，听说昏君死了，不仅没人怪罪赵穿，大家反而拍手称快。回到绛都后，赵盾继续主持晋国大局，并另立了晋文公的小儿子黑臀为国君，就是晋成公。

当时的诸侯各国均设有太史一职，负责记录本国的大小事件。大家都很关心，灵公之死这样的大事会记成什么样：浓墨重书，势必会得罪赵盾和他背后的赵氏家族；一笔带过，将掩盖真相，使这一事件蒙蔽于后世——倘若这样记，这位史官定会为天下所不齿!

晋国太史董狐,从默默无闻的记录官一下子走到前台,成了晋国的焦点人物。

董狐深知,这条尚未成形的记录是块烫手山芋,但他的心底很坦然:身为史官,本职就是要据实记载,我董狐不能为保全性命而遭受万世唾骂!经过深思熟虑,他如实写下了"赵盾弑其君"的记录。在当时,再昏庸的国君也不是身为人臣者说杀就能杀的,而杀死国君或者尊长被称作"弑",用上这个字,就等于给赵盾定下了大逆不道的罪行。

如实记载后,董狐在朝会时将史册公示群臣,一时间,有敬佩的,有感叹的,有心里笑董狐不识时务的,也有为董狐势将遭到横祸担心不已的……

谁也不想承担弑君的罪名,赵盾很委屈,也很气愤,没想到小小的史官竟然真敢捋虎须!他将史册狠狠掷到地上,声色俱厉地质问道:"董狐!你是不是搞错了?先君死时,赵盾尚在首阳山,他的死和我有什么关系?怎能说赵盾弑君?你可知道——诬蔑朝臣,是要杀头的!"

董狐毫不畏惧,大义凛然地说:"史册上的记载有没有诬蔑,你心里有数:堂堂正卿,逃亡时连国境都没有出,算是真的避祸?你是不在国都,但身为众臣之首,返回国都后却不追究元凶——这是何居心?你说你不是主谋,谁会相信?"

赵盾气得脸色铁青,嘴唇哆嗦着嗫动了半天,又压低声音说:"董太史,你还是修改一下吧,这样对大家都有好处。"

董狐冷笑一声,傲骨更盛:"改?这话说得好轻巧!做史官,首要的就是具备诚实的品格。黑就是黑,白就是白,容不得半点虚假。董狐的职责是记录真实的历史,若是为某人之私而改写史书,岂不成了千古罪人?恕难从命!"

赵盾心中一凉,知道已没有了挽回的余地,虽然心中愤慨,但他按捺住没有再发作,只是长叹一声,无奈地说:"董狐啊,你是个称职的史官——若非事涉己身,晋国将视你为荣!罢了,你想怎么记就怎么记吧,想必后世之人知道事情经过后，会理解赵盾为人，并原谅我的所作所为!"

赵盾没有再说什么，扭头离去，略显老态的身影中饱含着一丝挥之不去的沧桑。

面对此情此景，董狐反而有些惆怅：国君无道，大臣擅杀，旧礼何存，古风何在？董狐，一区区太史，谨尽职守而已——孰对孰错，岂能由我评说？就让后人做决断吧!又是一声幽幽长叹。

魏征直谏犯龙颜

有一次，唐太宗向魏征问道："何谓明君、暗君？"魏征回答说："君之所以明者，兼听也；君之所以暗者，偏信也。以前秦二世居住深宫，不见大臣，只是偏信宦官赵高，直到天下大乱以后，自己还被蒙在鼓里；隋炀帝偏信虞世基，天下郡县多已失守，自己也不得而知。"太宗对这番话深表赞同。

贞观元年（627年），魏征被列为任尚书左丞。这时，有人告他私自提拔亲戚做官，唐太宗立即派御史大夫温彦博调查此事，结果，查无证据，纯属诬告，但唐太宗仍派人转告魏征说："今后要远避嫌疑，不要再惹出这样的麻烦。"魏征当即面奏说："我听说君臣之间，相互协助，义同一体。如果不讲秉公办事，只讲远避嫌疑，那么国家兴亡，或未可知。"并请求太宗要使自己做良臣而不要做忠臣。太宗询问忠臣和良臣有何区别，魏征答道："使自己身获美名，使君主成为明君，子孙相继，福禄无疆，是为良臣；使自己身受杀戮，使君主沦为暴君，家国并丧，空有其名，是为忠臣。以此而言，二者相去甚远。"太宗点头称是。

贞观二年（628年），魏征被授秘书监，并参掌朝政。不久，长孙皇后听说一位姓郑的官员有一名年仅十六七岁的女儿，才貌出众，京城之内，绝无仅有，于是便告诉了太宗，请求将其纳入宫中，备为嫔妃，太宗便下诏将这一女子聘为妃子。魏征听说这位女子已经许配陆家，便将此事立即入宫进谏："陛下为人父母，抚爱百姓，当忧其所忧，乐其所乐。居住在宫室台榭之中，要想到百姓都有屋宇之安；吃着山珍海味，要想到百姓无饥寒之患；嫔妃满院，要想到百姓有室家之欢。现在郑民之女，早已许配陆家，陛下未加详细查问，便将她纳入宫中，如果传闻出去，难道是为民父母的道理吗？"太宗听后大惊，当即深表内疚，并决定收回成命。但房玄龄等人却认为郑氏许人之事，子虚乌有，坚持诏令有效。陆家也派人递上表章，声明以前虽有资财往来，并无定亲之事。这时，唐太宗半信半疑，又召来魏征询问。魏征直截了当地说："陆家之所以否认此事，是害怕陛下以后借此加害于他，其中缘故十分清楚，不足为怪。"太宗这才恍然大悟，便坚决地收回了诏令。

由于魏征能够犯颜直谏，即使太宗在大怒之际，他也敢面谏廷诤，从不退让，所以，唐太宗有时对他也会产生敬畏之心。有一次，唐太宗想要去秦岭山中打猎取乐，行装都已准备停当，但却迟迟未能成行。后来，魏征问及此事，太宗笑着答道："当初确有这个想法，但害怕你又要直言进谏，所以很快又打消了这个念头。"还有一次，太宗得到了一只上好的鹞子，把它放在自己的肩膀上，很是得意。但当他看见魏征远远地向他走来时，便赶紧把它藏在怀中，魏征故意奏事很久，致使鹞子闷死在怀中。

贞观六年，群臣都请求太宗去泰山封禅，借以炫耀功德和国家富强，只有魏征表示反对。唐太宗觉得奇怪，便向魏征问道："你不主张进行封禅，是不是认为我的功劳不高、德行不尊、中国未安、四夷未服、年谷未丰、祥瑞未至吗？"魏征回答说："陛下虽有以上六德，但自从隋末天下大乱以来，直到现在，户籍并未恢复，仓库尚为空虚，而车驾东巡，千骑万乘，耗费巨大，沿途百姓承受不了。况且陛下封禅，必然万国成集，远夷君长也要扈从。而如今中原带，人烟稀少，灌木丛生，万国使者和远夷君长看到中国如此虚弱，岂不产生轻视之心？如果赏赐不周，就不会满足这些远人的欲望；免除赋役，也远远不能报偿百姓的破费。如此仅图虚名而受实害的事，陛下为什么要做呢？"不久，正逢中原数州暴发了洪水，封禅之事从此停止。

贞观七年（633年），魏征代王珪为侍中。同年，中牟县丞皇甫德参向太宗上书说："修建洛阳宫，劳弊百姓；收取地租，数量太多；妇女喜梳高髻，宫中所化。"太宗接书大怒，对宰相们说："德参想让国家不役一人，不收地租，富人无发，才符合他的心意。"想治皇甫德参诽谤之罪。魏征谏道："自古上书不偏激，不能触动人主之心。所谓狂夫之言，圣人择善而从，请陛下想想这个道理。"最后还强调说："陛下最近不爱听直言，虽勉强包涵，已不像从前那样豁达自然。"唐太宗觉得魏征说得入情入理，便转怒为喜，不但没有治皇甫德参的罪，还把他提升为监察御史。

人 生 智 慧

◇顺逆之道，关乎社稷。

◇君之所以明者，兼听也；君之所以暗者，偏信也。

◇自古上书不偏激，不能触动人主之心。

严于律己，一心为公

【聊天实录】

我：晏老先生，您对严以律己有何高见？

晏子：我曾在《晏子春秋》提到：古之善为人臣者，声名归之君，祸灾归之身。入则切磋其君之不善，出则高誉其君之德义。是以虽事惰君，能使垂衣裳，朝诸侯，不敢伐其功。

我：您这句话该如何解释呢？

晏子：这句话的意思就是：古时候善于做臣子的人，会把好名声都推给君王，而把所有祸灾恶名留给自己。入朝在国君面前就切磋讨论君王的缺点错误，出朝在他人面前则很高地赞誉君王的德义。所以，即使侍奉怠惰的君主，也能让君王治政不费力、在诸侯中有威望，而自己绝不夸耀功劳。

我：您的意思是说：当员工被胜利冲昏了头脑，把功劳大揽在自己身上的时候，他就无形之中触犯了领导的权威，他的职场生涯也就会面临新的危机。如果一位员工自认为对企业贡献很大，或者为老板建立了不可磨灭的功绩而从此目中无人，就等于是给自己挖了栽跟头的陷阱。

晏子：是的，你说得很对。满招损，谦受益。

【解读】　　　先国后己的叔弓

公元前540年春，晋平公派新任上卿韩起到鲁国进行国事访问，同时向鲁国通告：他现在主持国政——按照诸侯交往的规矩，这样做是表示尊重对方。

鲁国是周公的封国，位居中原之东，与齐国相邻。齐国在齐桓公时称霸中原，显赫一时。后来的历代齐君一直对东山再起念念不忘，试图恢复往日的荣光。然而若想树立威信，无外乎做些扩大领土或制止动乱之类的事件，因此弱小的鲁国便成为齐国实现自己小算盘的首选目标，多年来，鲁国深受齐国滋扰。

交好霸主晋国，鲁国无异于找到了一个摆脱齐国觊觎的大靠山，所以整个春秋时期，鲁国一直是晋国的坚定盟友，与晋国之间的交往，鲁国素来非常重视。

晋国上卿亲自到访，并且通告主政的情况——这是何等大事？鲁国自然不敢怠慢。

韩起在鲁国太史那里参观时，见到有《易象》和《鲁春秋》这样的典籍，感叹地说："周礼，怕是都在鲁国了——韩起到今天才明白周公的德行和周天子可以称王的真正原因啊！"

鲁昭公设宴招待韩起，大臣季武子按照礼仪当场吟赋《緜》的末章。为示答谢，韩起也吟赋了《角弓》。季武子拜谢说："谨拜谢您弥补敝邑的缺失，寡君有希望了。"随即，他又吟赋了《节南山》的最后一章，答谢韩起。

行礼结束后，韩起受邀到季武子家中宴饮，看到府中有棵材质非常好的大树，韩起忍不住赞叹了一番。见此，季武子说："有了韩大夫的赞誉，以后岂敢不尽心培植此树——这也是提醒我不要忘记您为我吟赋的《角弓》诗章呀！"

为此，季武子又向韩起吟赋了《甘棠》这章诗篇，将韩起比作和周公一起辅佐周成王的召公，韩起赶紧谦逊道："您过誉了，韩起没有做出什么业绩，实在愧不敢当！"

总之一句话，出访鲁国期间，韩起所到之处，莫不受到周礼"关照"。当年夏天，为答谢这次隆重的访问，鲁国派大夫叔弓回访晋国。

晋国作为诸侯盟主，岂能在礼仪方面失了颜面？为了表示礼貌，晋平公在国都新田郊外依照鲁国使者的行程，派专人慰问叔弓一行。

春秋时期，诸侯国之间的聘问具有浓烈的利益色彩，为了表示交好，甚至不惜采用朝觐天子的迎送礼。面对晋国高度的礼遇，叔弓向慰问的使臣说："寡君派叔弓前来，是为了续修两国友好——临行前，他再三嘱咐：'此次前往晋国，千万要记住：你不是去做客，而是要把我国的谢意向上国进行转达！叔弓完成使命，已经非常欣慰，又岂敢劳烦慰问迎接？实在是太过于僭越礼度，叔弓惶恐，无颜收受——请容许我辞谢。'"

说完，叔弓行长揖之礼向使臣致谢。

迎接完毕，使臣们把叔弓带到了豪华的国宾馆驿，看着眼前的金碧辉煌，叔弓又辞谢道："寡君命臣前来，表示两国能像过去一样友好，臣下就算完成了使命——这已经是福分了，岂敢再入住富丽高贵的馆驿？"

叔弓辞谢的事情传开后，晋国人都称赞他这种谦让的美德。

晋国的贤大夫叔向听说叔弓的这些婉谢后，以赞美的口吻评价说："叔弓真是个循规识礼的贤大夫！我听说：'忠信'是承载礼的器具；卑让，是礼的根本，——能够在言辞中始终不忘国家，就是做到了忠信；能够时时先国家后自己，就是做到了卑让。《诗》中说：要恭敬小心地利用你的威仪，不要滥用，要多亲近德行良善的贤人——就目前看来，叔弓大夫确实已经接近这种美德了！"

一心奉公的苏绰

苏绰

苏绰，南北朝时西魏的大臣，著名的政治家，北周实际奠基人宇文泰的最重要的助手。他出身于官宦人家，少年好学，博览群书，为官后因为才能卓著，受到同僚们的称赞。

他先是被堂兄苏让推荐给宇文泰，但刚开始的时候宇文泰觉得他年纪轻、没有太大的本领，因此就没有重用他。后来，西魏尚书仆射周惠达再次把他推荐给宇文泰，并称赞他有佐王之才，于是宇文泰就任命他为著作郎，可还是没有给予他应有的重视。

有一次，宇文泰和西魏的公卿大臣一起到长安的昆明池观鱼，来到城西的汉朝仓池旧址时，宇文泰向旁边的人问起了仓池的历史，可是身边没有人能回答出。就在宇文泰感到失望的时候，有人提议说苏绰博学多才，或许可以解答这个问题，宇文泰就命人把苏绰找来。苏绰详细地阐述了仓池的历史后，宇文泰非常高兴，接着向苏绰询问关于天地万物起源变化和历代王朝兴衰的问题，他都能有条不紊地予以回答，而且见解独到。宇文泰听得入了迷，索性和他一起缓缓而行，到了昆明池后竟然忘了观鱼的事情。

宇文泰和苏绰边走边谈，直到自己的家中，意犹未尽的宇文泰留苏绰在家中过夜，顺便向苏绰请教治国为政之道，两人一直谈到深夜。苏绰滔滔不绝地讲着，而宇文泰起初侧卧在床上用胳膊支着头听，等到苏绰讲述帝王之道，谈论申不害、韩非等人的刑名、法治思想时，宇文泰急忙起身整理好衣衫，很严肃地坐在那里，一边听一边不自觉地向苏绰身边凑，不知不觉之中自己的膝盖竟然挪到苏绰的座席上去了。

第二天，宇文泰对周惠达说："真后悔没有早点接受您推荐的苏绰，他真是一个奇才，我要把重要的政事交给他。"于是宇文泰立刻任命苏绰为大行台左丞，参与处理国家的机密大事。

苏绰没有辜负宇文泰的信任，在他的协助下，宇文泰开始了西魏的内部改革，国力很快就增强了不少，而且还多次打败高欢所率领的东魏军队。他又协助宇文泰制定了著名的"六条诏书"，在西魏境内大力教化百姓、发展农业生产、积极提拔清廉贤能的人做官、平均赋役、爱护百姓。除此之外，他还改革六朝以来浮华的文风，让西魏的文学得到良性发展。

在他的努力下，西魏的经济实力和军事实力都得到较大的发展，很快就超过了东魏，为统一北方奠定了坚实的基础。他一直都在为国家选拔贤良的官员，和他们共同弘扬治国的正道。为了报答宇文泰的知遇之恩，他夜以继日地处理政事，因为劳累过度，最终病逝于自己的工作岗位上，年仅49岁。

他生性节俭，虽身处高位、手握重权，却从来不经营私家产业。他觉得天下还没有平定，不应该提前享受。他时常督促自己要以天下为己任，也用这种思想去教育自己的家人，他的儿子苏威和他一样也是个清廉的官员。

他去世后，宇文泰非常伤心，忍不住痛哭流涕。宇文泰想对他进行厚葬，但是怕这样做会破坏他清廉俭朴的美名，想要成全他的美名对他进行薄葬，可是又怕不了解情况的人误以为自己不体恤有功之臣。

这个时候，尚书令史麻瑶对宇文泰说："晏婴是古代的贤臣，为官清廉，生活俭朴。他去世时，齐国的君主不愿意违背他生前崇尚节俭的志向，就只派了一辆车为他送葬。现在苏绰和晏婴一样为官清廉、生活俭朴，因此卑职认为他的葬礼也应该像晏婴的那样俭约，这样才能彰显出他生前的美德。"宇文泰觉得他说得很有道理，于是就只派一辆布幔车为苏绰送葬，然后亲自带领群臣送苏绰最后一程。

人生智慧

◇要恭敬小心地利用你的威仪，不要滥用，要多亲近德行良善的贤人。

◇严于律己，一心为公。

诚实守信，清心直道

【聊天实录】

我：晏老先生，您对清心直道有何高见？

晏子：我曾在《晏子春秋》提到：尽忠不豫交，不用不怀禄。

我：您这句话该如何解释呢？

晏子：这句话的意思就是：作为臣子，应该尽忠，但不预先结交君主，不被任用时，也不会贪恋禄位。

我：您的意思是说：一个优秀的员工首先应该把公司利益放在第一位，无论何时何地，都要最大限度地维护公司的利益。只有那些时刻将公司利益置于首位的人才会赢得老板的赏识，才能够得到更多的晋升机会与更大的发展空间。

晏子：是的，你说得很对。国家需要忠诚的人，企业需要勇于忠诚的员工。

❧ 清心直道的李离 ❧

　　李离（生卒年不详），春秋时期晋文公重耳（前636—前628年在位）的大理，他是主管全国刑狱审判的最高司法官，素来以精明干练、明察秋毫、断狱平允著称。

　　但是，有一次李离竟因偏信下属的汇报而错断案件，枉杀了无辜者。当他觉察时，已为时过晚，无法补救了。晋国的法律规定："失刑则刑，失死则死。"也就是说法官一旦错判了犯人，就判处该法官同样的刑罚。因此，李离立即将自己关押在狱中，准备用自己的生命抵偿过失。

　　晋文公得知此事后，十分为之惋惜，亲自开导李离说："做任何事情都是难免出差错的，而且'官有贵贱，罚有轻重'，不应该如此机械地墨守条规，而且错判案件完全是下吏造成的。"按照常理，李离完全可以顺水推舟，从这场纠葛中解脱出来。但李离是一位禀性正直的法官，在他的心目中，法律的神圣是至高无上的。因此，李离没有因国君的开脱而动摇，而是针对晋文公的话题反驳道："我是法官的首长，没有把这职位让给下属；享受国家的俸禄很多，也没有与下属分沾。现在因错判而枉杀了无辜，却要把责任推给下属，这种道理我可从未听说过！"坚持不肯接受晋文公赦免自己的命令。晋文公被逼无奈，又实在不愿李离伏法，就措辞严厉地对他说："你这样看待自己的责任，认为自己有罪，那么，依照你的逻辑，寡人身为一国之君更要负责了？你自拘当死，岂不是要我也去死吗？"李离明白晋文公的苦衷，但他想得更为深远，他知道只有"不淫意于法之外，不为惠于法之内"，真正维护法律的公正，才是治国安邦之道。晋文公苦心孤诣地为自己开脱，虽是一片好心，却是在法律范围内滥施恩惠，是在践踏法律的尊严。

　　李离恳切地对晋文公说："按法律规定，法官判错了刑的要处以同等刑罚，杀错了人的要以命相偿。国君认为我能够洞烛幽隐，判决疑难案件，才让我当法官。可是今天我却因错判，枉杀了无辜。根据法律，我应该被处死。"听到如此慷慨激昂的陈述，晋文公却仍在沉吟，难以做出决断，李离见言辞打动不了晋文公，就义无反顾地硬是伏剑自杀了。

❧ 卓恕行千里赴约 ❧

卓恕，字公行，三国浙江上虞（今浙江上虞）人。"为人笃信，言不宿诺"，与人约会，纵然遇到暴风急雨，雷电冰雪，无不如期到达。

卓恕曾客居建邺（今江苏南京），因思乡心切，便向太傅诸葛恪告辞。诸葛恪，字元逊，三国吴国名臣诸葛瑾长子，与卓恕关系密切。诸葛恪问他什么时候能返回，卓恕说："某日一定回来亲自拜见您！"

到了约定的日子，诸葛恪以主人的身份大宴宾客，"停不饮食"，等着为卓恕洗尘接风。时间到了，赴会的宾客觉得，路途千里，加上"道阻江湖，风波难必"，很难说不会遇到什么风险，不一定能按期到达，没必要再等了。只有诸葛恪面含微笑，默然不语。不一会儿，卓恕风尘仆仆地按时来到了，所有的宾客都很诧异，不相信世界上竟有这样千里如期的信士。

孔子说："人而无信，不知其可也。大车无輗，小车无軏，其何以行之哉？"卓恕千里赴约，路途上肯定经历了不少艰难险阻。唯其历艰难险阻而千里如期，才体现了卓恕言而有信的高贵品质。史书说卓恕"为人笃信，言不宿诺"，信矣夫！

人生智慧

◇不淫意于法之外，不为惠于法之内。

◇人而无信，不知其可也。

◇为人笃信，言不宿诺。

谦虚谨慎，低调做人

【聊天实录】

我：晏老先生，您对谦虚谨慎有何高见？

晏子：我曾在《晏子春秋》提到：君子之事君也，进不失忠，退不失行。不苟合以隐忠，可谓不失忠；不持利以伤廉，可谓不失行。

我：您这句话该如何解释呢？

晏子：这句话的意思就是：君子侍奉君主，应该做官不失忠诚，退隐不失品行。不苟且迎合而失去忠诚，就叫不失忠；不贪求私利而伤害廉洁，就叫不失行。

我：您的意思是说：人可以同患难，而不能共富贵。作为一名企业的员工要做到不贪名，不逐利，更不要与人共富贵。很多聪明人在成功时急流勇退，在辉煌时退向平淡，就表示自己不想再分享别人的富贵，免得从高处摔下来。

晏子：是的，你说得很对。谦虚谨慎，低调做人。

【解读】 房玄龄推功让能

618年，李渊建唐，李世民受封为秦王，房玄龄则官拜秦王府记室，封爵临淄侯。每次随秦王征战，其他将士争相抢夺珍宝之物，唯独房玄龄收天下志士，与之相结，使得人人愿为秦王尽死效力。李世民为此称赞房玄龄说："汉光武帝得邓禹，其门下更加亲密。今我得房玄龄，犹光武得邓禹。"

就连唐高祖李渊也高兴地说："玄龄为人机敏，每为吾儿陈事，千里之外犹如对面相语，宜当大任。"

　　胸怀天下的房玄龄，自从遇到李世民之后，他的奇谋智略得到充分的展示，真可以说乱世出奇才，而英才之能也是乱世中的房玄龄所具备的。

　　就在这个时候，李唐发生了一个很惨的事件。武德九年（626年），李世民按照房玄龄等人的计谋，在玄武门附近设下伏兵，杀了太子建成、齐王元吉。数日之后，唐高祖李渊册立李世民为太子，并下诏说："自今以后，国家事无论大小皆听太子处决，然后上奏即可。"这样，李世民掌握了实权，李渊如同虚设。

　　武德十年（627年），正月，唐高祖李渊禅位给了太子李世民，改年号为"贞观"。李世民就是历史上著名的皇帝唐太宗，自他继承唐朝皇位之后，励精图治，善于纳谏，与大臣们共论兴衰存亡之事，时时警诫自己，使唐王朝进入了"贞观之治"这一著名的历史时期。

　　贞观元年（627年），唐太宗任命房玄龄为中书令，中书令就是当时的宰相。这一年的九月，唐太宗对朝中官员论功行赏，并让陈叔达在殿下唱名示之。房玄龄、杜如晦、长孙无忌、尉迟敬德、侯君集等功名列第一，房玄龄封爵刊国公，食邑一千三百户。其余大臣，皆依次封拜。

　　唐玄龄为人非常谦虚谨慎，对于论功行赏之事深为不安，便面奏唐太宗说："陛下，臣功第一，心不自安。"

　　房太宗不以为然地说："昔汉高祖封赏大臣，萧何居诸臣之先，你就是我的萧何，功列第一，理所应当。"

　　房玄龄叩头谢过，又对唐太宗说："陛下，秦府旧人未迁官者多矣，他们都抱怨说：'侍奉陛下左右多年，今论功行赏，反而居前太子、齐王府大臣之后。'臣认为不大妥当，应当给他们加封适宜的官爵。"

　　唐太宗说："王者至公无私，因此能服天下人之心。朕与卿等每日所衣所食，皆取之于民，所以设官定职，是为了百姓，当选择贤能之人而用之，岂能以亲旧为先后哉!新而贤，旧而不屑，又怎能舍新而取旧乎？"

低调做人

有一位现已年逾七旬的低调"穷人"。他自己开车，衣服总是穿破为止；最喜欢的运动不是高尔夫，而是桥牌；最喜欢吃的不是鱼子酱，而是玉米花。香港人常爱谈论豪宅，他住的是在1957年用3.1万美元买下的内布拉斯加州屋子。

五十多年来，他一直住在奥马哈的一幢房子里，灰色粉刷的外墙无形中也反映出他处事的态度——非常的低调。有趣的是，他所居住的地区还被当地政府列为"有损市容"的地方。在香港出差的时候，他还用宾馆赠的优惠券去买打折的面包。

家人给他买件新衣服他却拿去退掉，坚持穿着身上已经穿了数年的衣服。有一次，他弯腰从地上捡起了一枚不知道谁掉的也不知道躺在那里多久了的硬币，认真地说："这或许就是下一个十亿美元呢！"

当他已是亿万富翁的时候，谁也不会相信，他那刚刚当上了妈妈的宝贝女儿卧床在家，只能看自己的小黑白电视机。他答应出资为儿子买个农场，但同时声明，必须每年按合同规定交费，否则立刻收回。

对财富有他自己的理解。他认为，财富来自于社会，早晚它还应当回报于社会。他告诫儿女不要期望在他身后获得巨额遗赠，因为他不想让他们坐享其成，更不想让他们毁于财富。2006年，他将自己财富的一半以上，约300亿美元捐给了比尔·盖茨及其妻子建立的"比尔与梅琳达·盖茨基金会"。

如今大多数时间里，他深居简出，躲在奥马哈的家中，除了家人，连个助手都没有。他的车牌上还标着"节俭"的字样，他的佣人，两周才来一次。他创办的公司之一凯特威广场第14层的伯克希尔公司，尽管它富得流油，但全体人员仅有11人，这里没有诸如门卫、司机、顾问、律师之类的职位。不爱抛头露面，不喜欢张扬个性，生活方式保持低调。他把自己的生活准则描述为："简单、传统和节俭。"而这六个字刚恰如其分地反映了他低调做人的思维。

那么，这位颇具传奇色彩的"穷人"到底是谁呢？他就是沃伦·巴菲特！目

前在福布斯排行榜上，是世界首富。

职场的大忌是过分张扬自己，也许我们的确能力超群成绩出众，但这时候我们就该注意自己是否照顾到了同事们的情绪否则我们会遭遇一些意想不到的阻力。

张红是个精明能干的女子，年纪轻轻便受到老板的重用，每次开会，老板都会问问张红，对这个问题怎么看？张红的风头如此之劲，公司里资格比她老、职级比她高的员工多多少少有些看不下去。

张红观念前卫，虽然结婚几年了，但打定主意不要孩子。这本来只是件私事，但却有好事者到老板那里吹风，说她官欲太强，为了往上爬，连孩子都不生了。这个说法一时间传遍了整个公司，张红在一夜之间变成了"当官狂"。此后，张红发觉，同事看她的眼神都怪怪的，和她说话也尽量"短平快"，一道无形的屏障隔在了她和同事之间。张红很委屈，她并不是大家所想的那么功利呀，为什么大家看她都那么不屑？

在职场中，锋芒太露，又不注意平衡周围人的心态，产生这样的结果并不奇怪，她并非是目中无人，只是做人做事一味高调，不善于适时隐藏自己的锋芒。

当然，除了在得意之时不要张扬外，即使在失意的时候，也不能在公开场合向其他人诉说种种上司的不对，甚至还要牵连其他同事也犯了同样的错误。要是这样的话，不但上司会厌烦我们，同事们更加会对我们恼怒，我们以后在单位的日子肯定不好过。所以，无论在得意还是失意的时候，都不要过分张扬，否则只能给工作带来障碍。

低调做人，是让我们不要太招摇，不要有点小本事就拿出来显摆。作为一名聪明的员工，不要有事没事就往领导跟前凑，然后做出一副领导面前红人的模样给同事看。很多时候，很多事情，自己心中有数就可以了，没必要拿出来炫耀。自己的本事，可以慢慢拿出来用，在别人最需要的时候拿出来，帮助别人，才会让我们成为最受欢迎的人。

人 生 智 慧

◇谦虚谨慎，低调做人。

◇在成功时急流勇退，在辉煌时退向平淡。

◇王者至公无私，因此能服天下人之心。

拥有忠诚，百事百成

【聊天实录】

我：晏老先生，您对忠诚可以成事有何高见？

晏子：我曾在《晏子春秋》提到：顺爱不懈，可以使百姓；强暴不忠，不可以使一人。一心可以事百君，三心不可以事一君。

我：您这句话该如何解释呢？

晏子：这句话的意思就是：坚持仁爱而不懈怠，就可以让百姓服从命令、被役使；而强横暴虐、不忠诚的人，却一个人也不能役使。一心一意、只有一颗诚心的人，可以侍奉一百位君主；而三心二意、心眼很多的人，连一个君主也不能侍奉。

我：您的意思是说：一颗诚心地对待人际交往，才能以诚换诚而心心相印；一颗诚心地从事事业工作，才能深入发展而事业有成；一颗诚心地活在世上，才能有利社会而美名永存。

晏子：是的，你说得很对。只有对自己的企业忠诚，才能获得好的发展。

【解读】　　踏踏实实，终会成功

在我们当今社会里，跳槽现象不胜枚举。许多人通常把跳槽是职场上升的捷径，事实上，剩者为王，一样是职场上升的阳关大道。

在众多成功的人们中，大多数是靠着自己的踏踏实实，一步一步才达到如今的职业高度的。尽管具有不同的个性，有的积极主动，有的沉默低调，但他们的成功之路有许多共同点：起点低，没有跳过槽，也没有为了寻求更高的平台中断职业生涯出国求学。如今的他们早已"麻雀变凤凰"，成为职场上的佼佼者。

29岁的丁艳一说起自己当初频频跳槽的经历就十分后悔，最初，她在一家知名软件公司上班，公司实力雄厚，给她的待遇也不错，丁艳很喜欢这份工作。由于工作勤奋，又努力认真，因此她深受主管的赏识，前途一片光明。随着时间的推移，这份工作的弊病开始显现出来，由于工作量大，经常加班，丁艳常常感到疲惫不堪，难以承受，健康上也出现了很多问题。

这个时候她碰到了好友孙梅，孙梅在一家大型广告公司工作，不仅工作清闲，而且待遇丰厚。丁艳想到自己的工作那么辛苦，待遇也不比人家多多少，于是在心理不平衡的情况下，她就毅然辞职了，她不听老板的劝告，跳槽去了上海一家广告公司。

初到一个陌生的环境，丁艳显得很不适应。这里，不仅人际关系一片茫然，工作上更是陷入一片混沌之中，由于转了行，一切都要重新开始。以前的工作经验用不上，新的工作又不熟悉，此时，她感到一种巨大的压力，她看着同事工作熟练自如，工资也比自己高，逐渐感到慌乱起来，不但没有了原来的自信、大方，而且总是担心出错，受到老板的责罚。在整个公司，她的业绩也一直处于最落后的地位，老板对她视而不见，更别说欣赏和提拔了。

在这种状况下，她感到前途一片渺茫，不禁后悔起来。心情越来越糟的她，面对"业务空窗"，又想到了跳槽。她觉得自己不适合这份工作，需要寻求更新、更适合自己的职位。接下来,她随后换了好几份工作,可每次都因为种种原因而辞职,为此她陷入了"求职—跳槽—求职"的怪圈。

"人之所畏,亦不可以不畏人",有什么样的心态就会得到什么样的报应,技巧之心所得到的报应只能是与之相应的混乱。在一个人的职业生涯中,如果树立起了"忠诚"这一个人品牌,就等于拥有了打开升迁之路的敲门砖。正如晏子所说,一心一意、只有一颗诚心的人,可以侍奉一百位君主;而三心二意、心眼很多的人,连一个君主也不能侍奉。是的,有一颗忠诚之心的人,可以事事顺利,百事百成。

行之以信的吴起

战国时期,战争频繁而且残酷。争雄图霸的各国为了鼓舞士气,纷纷建立起赏罚制度,用以提高军队的战斗力。大军事家吴起积极倡导和推行军功授爵制,把它作为整军经武的重要手段。他认为要用重赏罚驱使士卒用命疆场,首先必须做到"行之以信"。

吴起(?—前381),卫国左氏(今山东定陶)人,精通武略,善于用兵。在魏期间,曾用两年时间率军攻秦,夺占了黄河以西至洛水的一片区域,以战功卓著而被魏文侯魏斯任命为西河郡(吴起攻占的黄河以西地区)守。

西河与秦、韩接壤,是为军事要地,这块区域南北狭长而东西纵深甚小,易受秦国攻击而难于固守,背后又阻于黄河,一旦发生战争,很难及时得到支援,必须独立作战。吴起上任郡守后认为,要想稳固地守住西河郡,必须做到士心坚固,令出必行,乐行战守。为达到此目的,吴起特意使用了示信给赏的手段。

《韩非子》一书记载:秦军在魏西河郡接壤的边境线上建筑有一个守望亭,秦军进犯魏国常常从这个亭子出发,吴起打算将其攻取,但又怕强攻不下反而会给附近农民的耕种造成危害,而小小的守望亭又不便征集军队,于是吴起置一车辕于北门之外，下令说："有能徙此南门之外者，赏之上田上宅。"开始人们并不相信。后有人将车辕从北门移到了南门外，吴起遂"赐之如令"！赏给田宅，士卒见此无不赞誉吴起言而有信。紧接着，吴起又置一石赤菽在东门外，下令说："有能徙此于西门之外者赏如初。"人们听说还能赏给上田上宅，于是争着来移石赤菽，吴起见从命如归，认为士心已可用，乃下令："明日且攻亭，有能先登者，仕之国大夫，赐之上田下宅。"第二天进攻时，人人争先恐后，奋勇作战，"于是攻亭一朝而拔之"。

吴起通过这种"行之以信"的奖赏，建立起奖励军功、授予官爵田宅的制度，取信于兵民，用以结固军心，使士卒逐渐建立起严格执行军令的习惯。当兵的农民和奴隶为了自己的利益和土地田宅而战，战斗积极性得到了提高。吴起用这种"奖有功，激无功"的方法治理魏军，经过三年，魏军实力大增。吴起在魏二十余年，在他率领下"与诸侯大战七十六，全胜六十四，余则均解，辟土四面，拓地千里"，"秦兵不敢东向"。由此可见吴起"奖有功，行以信，激士气，固军心"的治军手段的巨大威力。

人生智慧

◇人之所畏，亦不可以不畏人。

◇踏踏实实，终会成功。

◇人有一颗忠诚之心的人，可以事事顺利，百事百成。

面对困难，委婉求援

【聊天实录】

我：晏老先生，您对委婉求援有何高见？

晏子：我曾在《晏子春秋》提到：执一浩倨则不取也，轻进苟合则不信也，直易无讳，则速伤也。

我：您这句话该如何解释呢？

晏子：这句话的意思就是：固执地坚持不恭，则意见不会被听取；轻易地跟进、苟且求合，则不被信任；直率简单、不知避讳，则很快被伤害。

我：您的意思是说：在面对领导给予的工作无法完成的时候，可以选择委婉的求援，而不是直接面对面地起冲突，那样是解决不了问题的，晏子：是的，你说得很对。面对困难，委婉求援。

【解读】　　　　委婉地表达自己的意见

在工作中，如果领导安排的工作自己确实无法完成，也要婉转地表达自己的意见，比如"这件事通过努力是可以做到的，但其中有一些具体的困难，需要得到你的帮助"。这种留有余地的说法，给领导的感觉是：下属确实很想将这件事做好，但真的存在些困难，我得想办法帮助他，这样建议就成了求援。

企业中，有些员工在与领导的相处中就很懂得使用这种婉转地表达建议的方式。

小伟是某广告公司的策划人员，本来，春季就是各公司销售宣传的旺季，他们部门人手不多，已经很繁忙了，但是公司领导却将其他部门的工宣传文案工作也交给他们做。这下，他们既要对外部的客户负责，又要忙于内部各部门的宣传工作，有些力不从心，每天加班到深夜，甚至周末也不能休息。在这种情况下，小伟他们几个心里很不舒服，于是他们一合计，还是找上司谈谈吧！

可是，如果直接说上司分工不正确，上司肯定会一口否认，该如何是好呢？经过合计，他们决定派一个代表，将工作计划报给上司，然后分析时间问题，让他自己去分析员工能否完成工作任务，于是，小伟被派上了"前线"！

当小伟敲开上司的门后，非常抱歉地说："经理，我不得不打扰您一下，您交代完任务后，我做了个详细的工作计划表，想给您看看。"上司有点不耐烦地说："不用了，只要你们完成任务就行了！"但是，小伟停顿了一下，怯怯地说："我们倒不怕加班，只是担心按照我的计划表，即使完成了也不能保证质量，所以希望得到您的支持和指教。"

上司一听，马上眉开眼笑，他仔细看了看报表后说："谢谢你的提醒。这样吧，这个表我收下，我打个报告给老板，将市场拓展宣传的工作分给销售部门吧！"

小伟一听，微笑着离开了。

在工作中，因工作而产生的上下级之间的冲突和分歧本来是很正常的事情。可是，有些下属，明明知道领导的指示是不正确的，但认为天塌下来由领导顶着，为了给领导留下听话的好印象，便执行去了。有些下属，和领导意见不一致时争论到面红耳赤、唇枪舌剑，这实际已是关系破裂、矛盾激化的兆头。我们知道"两虎相斗，必有一伤"，这样，不仅起不到好的作用，反而会使上下级关系恶化。因此，重在沟通达成一致。而婉转表达不但可以让决策失误的领导及时悔悟，也有利于和领导达成一致意见，争取他们的支持，步调一致，共赴成功。

所以，为了目标的实现，策略是很重要的。为了表示我们的忠心，为了不让好心办不了好事，不妨用用委婉纳谏的方式，这样才可以"道存身进"。

张良幕后助太子

在封建社会太子是皇帝的法定继承人，围绕太子立废的这个问题往往会掀起纷繁复杂的政治斗争，甚至造成政局不稳，动乱不息，因此，中国古代对于嗣位的"立长不立幼"非常严格。汉高祖刘邦晚年时曾立意要废除太子，立幼子为太子，险些酿成祸乱，多亏张良用巧计稳住了太子的位置，使太子顺利即位，成为汉惠帝。

在刘邦称汉王时，就已立原配夫人吕氏的儿子为嗣。后来建立汉朝之后，刘邦最宠幸的爱妃戚夫人，生了个儿子名叫如意，刘邦对他非常喜爱，封他为赵王。逐渐地刘邦的念头越来越强烈，想废掉当今太子，改立赵王如意为嗣。

吕后的儿子要被废去太子位，吕氏自然焦急万分，可她又想不出什么办法来阻止。有人向吕后献计，说张良最善计谋，又深受皇帝信任，如果请得张良出谋划策，一定会扭转乾坤，使事情出现转机。吕后便让弟弟建成侯吕泽把张良请到家中，向他问计。张良深知这是君主家事，是非众多，外臣不宜卷入，兼之刘邦打定了主意，难以轻易说动，因此便以君臣之礼借口推托。吕后再三恳求，张良推托不过，便巧妙设计了一条避免自己出面的计谋，他说："用口舌之辩已无法说动皇上，他已不听劝谏。我想到了四个人，他们倒有可能帮上些忙。当初因为皇上轻谩侮人，他们逃入山野，誓不为汉臣。皇上却认为他们举止高尚，不重名利，对他们非常看重，多次派人去招募他们，都未能如愿。这些人如今年事已高，须发皆白，人称'商山四皓'。现在可以派一些能辩之士，带上太子的亲笔信，去请他们出山辅佐。他们入宫之后，就带他们上朝，有意识地让皇上看见，这样，可能对太子有利。"吕后听从张良之计，派吕泽以卑词高官，请"四皓"到京城长安。

汉十二年，刘邦平定英布之乱回京后，疾病日重，废立之心愈加迫切。尽管众大臣谈古论今，谏以废长立幼的种种害处，但都不能使刘邦回心转意。

一次，刘邦在宫中设宴，太子陪坐。酒宴之间，刘邦抬头忽见太子身后侍立着四位须眉皆白的老人，形态非凡，就请他们报上姓名，分别是东园公、角里先生、绮里季和夏黄公，正是自己屡召而不至的"商山四皓"。刘邦大吃一惊，问他们何故先前召而不至，现在又站在太子身旁。四人皆道："皇上轻侮士人，喜怒无常，我等四人义不受辱。而太子仁慈孝顺，礼贤下士，天下有才之士无不翘首以盼，想为他效力，我们也是由此而来。"刘邦听罢长叹一声，以为太子羽翼已丰，就再也不提废立的事了。

在这件事中，张良没有出面，只用既成事实去迫使刘邦就范，使刘邦自己认为不该再废立，张良的计谋实在是高明。

人生智慧

◇面对困难，委婉求援。

◇两虎相斗，必有一伤。

◇为了目标的实现，策略是很重要的。

辩证认识，和同之别

【聊天实录】

我：晏老先生，您对辩证认识有何高见？

晏子：我曾在《晏子春秋》提到：所谓和者，君甘则臣酸，君淡则臣咸。今据也君甘亦甘，所谓同也，安得为和？

我：您这句话该如何解释呢？

晏子：这句话的意思就是：所谓和谐，是说君王如果是甜的，臣下就应该是酸的；君王如果是淡的，臣下就应该是咸的。现在这个梁丘据，君王甜他也甜，这叫相同，怎么能叫和谐呢？

我：您的意思是说：作为一个企业的员工，对自己的职业忠诚是最基本的忠诚。既然你决定忠诚于一个企业，就应该努力地提高自己服务企业、发展企业的技能，为企业创造实质性效益。

晏子：是的，你说得很对。忠诚不应该成为掩盖自己无能的借口。

【解读】 **辩证认识，不盲目服从**

职场上有这样一群人：他们狭隘地理解忠诚，认为忠诚就是向老板效忠，像一只狗效忠它的主人那样，并且是无条件的效忠。其次，他们认为忠诚于老板就是绝对听老板的话，不论老板对与错。在企业里，很多员工在老板面前唯唯诺诺，老板说一他也跟着说一，老板说二他也跟着说二，心中虽然有自己的看法，但不敢说出来。有时，明明老板是错的，他们也大呼老板伟大、老板英明。他们以为，完全和老板的论调保持一致就是忠诚，完全听老板的话就是忠诚，奴性十足就是忠诚。更有人把忠诚与拍马屁混为一谈，他们对老板阿谀奉承，凡事都只图老板开心，工作中总是报喜不报忧。

曾经流行过这样一句话："第一，老婆永远是对的；第二，如果老婆做错了，请参看第一条。"这句话很快地被职场的人套用了："第一，老板永远是对的；第二，若是老板错了，请参看第一条。"每一个老板做出决策的最终目的都是让自己的企业更好的发展，在他做出不利于公司发展的决策的时候，他也希望旁边有一个人能及时地跟他沟通，让他可以及时的收回这样的决策，以避免造成更严重的后果，而不是在错误发生的时候自己的职员还追在自己的后面，高喊老板英明。

或许我们的老板不期待你能成为魏征，能够成为他的铜镜，但他依然期待有一个或是一群有创造力的员工，服从却不盲从，认同而不苟同。

现在职场里，忠诚的员工越来越少，而那些善于附和老板的员工却层出不穷。一些宣称"绝对忠诚"的员工，实质上是一些无能之辈，他们干不出好的业绩来，只好伪装出忠诚的面孔来讨好老板，这样的忠诚有什么意思呢？

请想象一下，老板下达了一个错误的决定，我们会一声不吭地执行，直到他自己发现为止吗？我们曾经考虑过服从和盲从之间的分寸在哪里吗？我们真的认为自己毫无条件、毫不保留地服从老板并且放弃自己的个性和判断力你就可以成为老板眼中的忠诚员工吗？

相信大家都已经有了答案。其实，服从是一门艺术，只有长期地坚持才会知道其中的奥妙。服从不是不辨是非，像一个奴才一样绝对愚忠于自己的老板，而是保持清醒的头脑忠诚于自己的职业，服从老板正确的命令。盲目服从的恶果会由我们和老板一起接受，别认为只要服从了，出现问题就只是别人的事情。

所以，忠诚是一种准则，是要用行动来证明的，不是阿谀奉承、诌媚献好。老板之所以能成就一番事业，看人的眼光是很独特的，他也是从基层一步步做起的，所以想要以一时来蒙蔽可能会过关，但是不可能长久。忠诚不是说出来的，我们行动的表现形式也能反映出心理状态，日久见人心，所以不要和公司和老板玩躲猫猫，虚伪的人很快会被淘汰，诚实的人永远是最卓越的。

是一心为公而敢于提出自己哪怕是与上司不同的意见，还是一心为私而刻意趋同于上司，这是"和"与"同"的根本区别。所以，"和"与"同"的差别，首先是品德上的差别。封建主义使"官本位"成为社会普遍现象甚至原则，这就使得为下者必须逢迎上司才能做事立业，而在就养成了"顺我者昌，逆我者亡"的思维定势，很少有几个在上位的人能在批评意见面前冷静听取甚至采纳。

和同之别，貌似进谏

公元前18世纪的夏桀时期，夏桀名姒履癸，为夏王朝的第十九任君王，也是禹的第十四代孙。据史料记载，他身材魁梧，力大无穷，以暴虐闻名后世。传说夏桀有个叫施妹喜的妃子，只因妹喜喜欢听绢帛撕裂的声音，夏桀就命人将库存的绢帛成匹地搬出，令宫女撕给她听，以博美人笑颜。出于自己和妹喜享乐的需要，夏桀还大兴土木，专门建造了一个巨大的酒池，酒池装满酒后，夏桀便和妹喜乘船游荡其中，并命岸上乐师伴奏，再让三千多人趴在酒池边上"牛饮"，以哄妹喜欢心。夏桀荒淫无度，反对他的人越来越多，为保住王位，桀专门发明了一种叫"炮烙"的刑罚，为的是震慑群臣。一次夏桀率百官观看炮烙行刑时，特地问大臣关龙逄是否看着高兴，关龙逄说："高兴。"夏桀便说："这太奇怪了，你怎么就没有一点恻隐之心？"关龙逄说："天下人都以为是苦的事情，君王你偏偏觉得很快乐。我是你的手臂，怎么敢不高兴呢？"夏桀听出了关龙逄话里的不满，说道："那就说说你的意见，要是对的话我可以采纳，要是不对我会用法律来制裁你。"面对夏桀的威胁，关龙逄显然恪守了尽心为君着想的忠君之道，他说："我看君王的帷子，像是危石。我看君王的鞋子，像暮春冰。从没有戴着危石而不压死，踏裂春冰而不掉下淹死的。"夏桀听后大怒，命人将关龙逄抓起来，随后找个借口将他杀掉了。

关龙逄成了忠君而死的第一位名臣，而杀死他的夏桀不久即被成汤所灭，而助成汤灭夏的恰恰是因不想做愚忠之乎而从夏逃到商部落的宰相伊尹。成汤灭夏后建起了中国历史上的第二个奴隶器国家商，让成汤没有想到的是，他建立的商朝最后也亡于君主的暴虐。商的最后一个君主纣王帝辛与夏桀一样荒淫无度，他不但发明了酒池肉林等让人叹为观止的"创意"，还经常会做出剖孕妇胎儿、敲路人腿骨的残忍之举。对于纣王的所作所为，臣子们非常担心。纣王的叔叔比干自忖有一颗忠心，多次冒死进谏，劝纣王以国事为重。比干进谏的后果是被纣王当众剖腹挖心，而纣王也因此付出了国破家亡的惨重代价，曾强大一时的殷商王朝最终被周武王推翻，商被周取代。

人 生 智 慧

◇忠诚不应该成为掩盖自己无能的借口。

◇服从不是不辨是非，而是忠于自己的职业。

◇忠诚是一种准则，是要用行动来证明的，不是阿谀奉承、谄媚献好。

识时务者，才会成功

我：晏老先生，您对识时务者有何高见？

晏子：我曾在《晏子春秋》提到：报君以德。士逢有道之君，则顺其令；逢无道之君，则争其不义。故君者择臣而使之，臣虽贱，亦得择君而事之。

我：您这句话该如何解释呢？

晏子：这句话的意思就是：以美好的品德来报答君王的知遇之恩。士人遇到有道德的君王，就顺从他的命令；遇到无道昏恶的君王，就要对君王的不合道义的言行进行谏争。所以，君王可以挑选臣子来使用，臣子虽然地位低，但也应该对侍奉主有所选择。

我：您的意思是说：自古以来，两面派作为贬义词深为正人君子所不齿，认为那是不忠的表现。其实，在局面混乱不清，各方面势力难解难分的时候，识时务者为俊杰。风云流动，世事变幻，需要明智的忠臣，"明君则佐，昏君则诤"。

晏子：是的，你说得很对。良禽择木而栖。

【解读】 ❦ **良禽择木而栖** ❦

"良禽"比喻人才，是指有才干，有德行，聪明睿智，有一技之长或几技之长者。"木"是人才展示自己才华、发挥自己能量的一方天地，它可以是一个单位，一项工作，一种专业。也指掌管这些单位、部门的主管。好单位与好上司，是每一个人才的梦想。

有的人一开始就投错了方向，如投到袁绍、袁术、刘表、张鲁之流的门下，虽能强盛富足、耀武扬威于一时，但与之同归于尽之日也为期不远。如果真的是田丰、沮授一类的盖世奇才，但碰到个"遇大事而惜身，见小利而忘命"的袁绍之辈，也只能是奇谋无着，死而有憾了。

领导的命运往往就是一个单位的命运，也就是下属的命运。宁要好领导，莫要好单位，如此才是贤臣良禽。例如曹操、刘备与孙权，虽说开始并不强盛，立国之路无比艰辛坎坷，但皆是胸有大志、腹有良谋的帝王之才，称得上是"圣木"与"明主"，如曹操数哭典韦、苦留关云长，刘备三顾茅庐、摔阿斗等，都是"圣木"的表现。坚定不移地选择曹操、刘备与孙权的将士，大多有了好的归宿，而选择其他诸侯的将士要么改弦更张，弃暗投明，要么就被消灭掉了。如果选择一个败家子打理的公司，你要么明智地丢掉饭碗，要么就等着让别人吃掉。

的确，人生上上下下就是那么回事，如果只是为将之才，那最好找个好主儿，跟着他一起成就一番事业，就如萧何之于刘邦、诸葛亮之于刘备。正像孔子所说的，待价而沽，实际上也是一种选择。如果是一只"良禽"，就一定要选择最好的"大树"，而能不能找到这棵"大树"，那就要看自己的眼力了。当然，看不到"大树"，说明不具备"良禽的素质"，还要自我修炼。

❦ 识时务者为俊杰 ❧

有一棵苹果树，上面结了一些大小不同的苹果，有五条虫子都想用各自的方法得到一个苹果。

第一条虫子爬到苹果树下，它不知道什么是苹果，也不知道这是一棵苹果树，只见身边的伙伴都往上爬，它就跟随着向上爬去，没有目的，没有终点。可想而知，它也许会见到一个大苹果幸福一生，也可能迷失路线终此一生，而这不也正是大多数虫子的自然选择吗？

第二条虫子只知道这是一棵结满了大小果子的苹果树，但它不知道大苹果具体长在什么地方，于是它就假定大苹果长在大枝上，专拣粗枝往上爬。有这种想法的不只一条虫子，而是一批虫子，这条路上的竞争也最激烈，这是一条优胜劣汰之路，相对公平的竞争之路，在每一个分枝处都有大批的同类被淘汰，得到苹果的仅仅是其中不被淘汰的一小部分，最终获胜者是那些付出最多、综合素质最高的虫类。

第三条虫子，它非常聪明，有备而来，在苹果树下掏出望远镜，浏览了树上的所有苹果，选择了一个大的苹果作为自己的目标，这样它就明白了自己应该怎样去走。然后，它就沿着这个大苹果的方向，确定出得到这只苹果的最佳路径，并设想出中途出现的预想不到的问题的解决预案。结果可想而知。

第四条是神虫，它有先知先觉的本事，清楚地知道每个苹果的成长。在苹果刚开花时，它就已经和苹果花打得火热并藏在其中，它和苹果一起长大，当别的虫子在拼死拼活时，它已经美美地享用苹果了，没有哪个虫子能比它更先一步尝到可口的苹果。它的超前意识，不是其他虫类想学就能学得来的。

第五条虫子什么都不做，专等它的同类给它扔下一个苹果，因为它的爷爷、它的爸爸、它的哥哥都已经得到了属于自己的不止一个苹果，当然别人不会把最大的给它。虽然不是最大的，但也足够它享用的了。但是它确定它的爷爷、它的爸爸、它的哥哥肯定得到了，并且还有多余的。如果什么都没有，想在树下得到掉下来的苹果，是非常危险的。苹果可不是好捡的，弄不好自己会被不知道什么时候掉下来的苹果砸死，或因为得不到苹果而被饿死。

不同虫子选择不同的树枝，结果就是这样的天壤之别。

人生智慧

◇明君则佐，昏君则诤。

◇良禽择木而栖。

◇识时务者为俊杰。

第六章
晏子与我聊职场竞争之道

　　"卫国保民，和平外交"，晏子的治国思想中，也包含了有关军事思想的内容，其核心是卫国保民。他不主张战争，但也绝不反对正义的讨伐。而对于今天的企业员工来说，在和平的基础上竞争，才能让自己得到更好的发展。

持续改进，独辟蹊径

【聊天实录】

我：晏老先生，您对独辟蹊径有何高见？

晏子：我曾在《晏子春秋》提到：德厚足以安世，行广足以容众。……不慢行而繁祭，不轻身而恃巫。

我：您这句话该如何解释呢？

晏子：这句话的意思就是：品德淳厚足以使社会安定，善行广施足以容纳众人。……不要行事简慢而祭祀频繁，不要轻视自身的力量而去依靠巫祝。

我：您的意思是说：在企业中，想要成功的脱颖而出，不仅需要持续的改进，还需要在既定的基础上，发挥自己的智慧，另类突破，独辟蹊径，才能成功。

晏子：是的，你说得很对。想要比竞争对手有优势，就要独辟蹊径。

【解读】 ❦ **持续改进，提升竞争力** ❧

美国《财富》杂志指出："未来最成功的公司，将是那些基于学习型组织的公司。"

壳牌石油公司企划总监德格认为："唯一持久的竞争优势，或许是具备比竞争对手更快的学习能力。"

其实，所有的成功人士的成功都有一个共同的秘诀：学习，不断地学习。向乔布斯学创新——独辟蹊径才能创造出伟大的业绩

20世纪80年代，有一天，乔布斯带着一本电话簿走进一场设计会议，并把电

话簿扔在桌子上。乔布斯说："这是麦金塔电脑能够做的最大尺寸，绝对不能更大，如果再大，消费者会受不了。

"还有，我受够了所有这些方正、矮胖、类似箱子外观的电脑，为什么我们不能制造一台更高，而不是更宽的电脑呢？大家想一下。"

乔布斯对麦金塔电脑外观的一个灵光一现的点子，震惊了房间里的所有人。

那本电话簿只有过去出现过的电脑的一半大小，大家认为实现这样的外观是根本不可能的，电脑所需的配件、CPU等绝对无法放进那么小的箱子里。

麦金塔团队虽然觉得不可能，但是他们相信乔布斯，因为创新是乔布斯的风格，他就是要征服不可能。

随后麦金塔团队积极行动，最终实现了乔布斯的目标。

创新是乔布斯身上最闪光的亮点，是苹果始终引流潮流的根本。

"苹果一直生产着业内最棒的笔记本电脑，今天，我们将介绍第三款笔记本，名为MacBook Air，是世界上最薄的笔记本！

"MacBook Air厚度为0.16～0.76英寸（0.41~2cm），最厚的部分也比索尼TZ最薄的部分薄，可以装进牛皮纸文件袋中。磁性开合13.3寸宽屏、LED背光、内置iSight摄像头，键盘类似MacBook，但支持环境感应背光；Multi-touch触控板，双击触控板并拖动就可以移动窗口，食指绕拇指旋转可以转动图片，两手指轻捏便可以进行缩放；标配1.6GHz Intel Core 2 Duo，可选1.8GHz；苹果要求Intel缩小处理器体积，Intel做到了，缩小了60%。"

这是乔布斯2008年在MacWorld Conference& Expo上对Macbook Air的介绍。

自从2001年苹果开始生产笔记本电脑以来，关于笔记本电脑的想象基本上被挖掘完了。但是，2008年，苹果推出最薄的笔记本电脑MacBook Air，再次颠覆了业界的想象力，并引发了全球笔记本电脑的"轻薄"浪潮。

乔布斯的每次演讲都会有一个高潮时刻，这次，令群情激昂的高潮不是来于高科技的技术词汇，而是由一个小小的牛皮纸袋引爆的。为了证明Macbook Air的轻薄，乔布斯把电脑放进了牛皮纸袋。在一段时间里，这个牛皮纸袋甚至成为一个符号性的存在。

没有创造力，何谈创新。对乔布斯来说，创造力就是整合事物的能力。他相信人生经历越丰富，就越能理解人的各种体验。

美国宣传奇才哈利十五六岁时，在一家马戏团做童工，负责在马戏场内叫卖小食品，但由于每次看表演的人不多，所以买东西吃的人很少，尤其是饮料，鲜有人问津。

有一天，哈利的脑瓜里诞生了一个想法：向每一个买票的人赠送一包花生，借以吸引观众，但老板不同意这个"荒唐的想法"。哈利用自己微薄的工资做担保，恳求老板让他试一试，并承诺说："如果赔钱就从工资里扣，如果赢利自己只拿一半。"于是，其后的马戏团演出场地外就多了一个义务宣传员的声音："来看马戏，买一张票送一包好吃的花生！"在哈利不停地叫喊声中，观众比往常多了几倍。

观众们进场后，小哈利就开始叫卖起柠檬冰等饮料，而绝大多数观众在吃完花生后觉得口干，所以都会买上一杯，一场马戏下来，哈利的营业额比以往增加了十几倍。

很多时候，我们的创新是被既有的概念所束缚的，我们无法产生超越现有事物的杰出想法，往往是因为我们把现有事物的特性误认为是一种潜在的规则线，不愿突破它。而实际上，只要突破这一规则线，我们就可以进入到一个全新的领域当中。

独辟蹊径，另类创新

法国著名科学家法伯发现了一种很有趣的虫子，这种虫子有一种"跟随者"的习性。它们外出觅食或者玩耍时，都会跟随在另一只同类的后面，而从来不敢另寻出路。法伯做了一个实验，他花费了很长时间捉了许多这种虫子，然后把它们一只只首尾相连地放在一个花盆周围，然后他又在离花盆不远处放置了一些这种虫子很爱吃的食物。一个小时之后，法伯前去观察，发现虫子一只只不知疲倦地围绕着花盆转圈。一天之后，法伯再去观察，发现虫子们仍然在一只紧跟一只地围绕着花盆疲于奔命。七天之后，法伯去看，发现所有的虫子已经一只只首尾相连地累死在了花盆周围。

后来，法伯在他的实验笔记中写道：这些虫子死不足惜，如果它们中的一只能够越出雷池半步，换一种方式，就能找到自己喜欢吃的食物，命运也会迥然不同，最起码不会饿死在离食物不远的地方。

其实，该换一种思维方式生存的不仅仅是虫子，还有比他们高级得多的人类。

一个非常著名的公司要招聘一名业务经理，丰厚的薪水和各项福利待遇吸引了数百名求职者前来应聘，经过一番初试和复试，剩下了10名求职者。主考官对这10名求职者说："你们回去好好准备一下，一个星期之后，本公司的总裁将亲自面试你们。"一个星期之后，10名做了充分准备的求职者如约而至，结果，一个其貌不扬的求职者被留用，总裁问这名求职者："知道你为什么会被留用吗？"这名求职者老实地回答："不清楚。"总裁说："其实，你不是这10名求职者中最优秀的，他们做了充分的准备，比如时髦的服装、娴熟的面试技巧，但都不像你所做的准备这样务实。你用了一种超常规的方式，对本公司产品的市场情况及别家公司同类产品的情况做了深入的调查与分析，并提交了一份市场调查报告。你没被本公司聘用之前，就做了这么多工作，不用你又用谁呢？"

世上的事情有时就这么简单得让人难以置信，如果我们墨守成规，等待我们的只有失败；相反，如果我们稍微动一下脑筋，对传统的思维方式进行一番创新，就能获得成功。比如，那种具有"跟随者"习性的虫子为什么就不能动动脑筋，对自己固有的习性进行一下创新——不跟在别人身后漫无目的地奔跑，而像那个其貌不扬的求职者一样换一种思维方式呢？当然，让虫子摈弃自己固有的习性难免苛求，虫子毕竟是虫子，但是，人呢？

1964年，美国3M公司召开了4年一次的"聚合黏胶研究计划"会议，一位名为史尔华的研究院没有带来黏性超强的产品，相反的，他带来了一款内聚性较强，附着性弱的黏胶，这种黏胶无法牢固地附着在物体上。3M是美国历史上著名的以创新为主的公司，也是透明胶带产品的发明企业。这些汇聚一堂的研究员们无论如何也想不出史尔华发明的这种"不黏的粘胶"到底能干什么用。

其实，不光是其他的研究员，就是史尔华自己，也想不出这种东西有什么用途。于是，这款产品被看作是"失败"的作品，收藏了起来。

10年之后的1974年，史尔华和一位同事佛瑞突然在教堂注意到唱诗班在基督教唱诗本中经常夹入一些提示用的纸条，这些纸条在使用中，经常从书中滑落。佛瑞想到，如果使用一种东西，既可以让纸条牢固地粘在书本中不致滑落，又能保证在拿掉的时候不破坏唱诗本，那该多好。史尔华发明的不黏的黏胶正是他们所要寻找的东西。

4年之后的1978年，这种使用了不黏黏胶的名为"随时贴"的产品一经上市，立刻风靡美国。一时间，到处都是3M的随时贴产品，办公室职员甚至把使用随时贴视为时尚的行为。3M公司的总裁也不由得称赞，这是继3M发明透明胶带以来的20多年里，最出色的发明了。没有什么东西，如此的简单，却又用途广泛。

即使是到了现在，很多办公桌上还摆放着这种产品，在很多办公用品被新产品替代并消亡的日子里，即时贴依然屹立不倒。这一切都来自史尔华的一个概念突破"黏胶，不一定要黏"。

人 生 智 慧

◇换一种思维方式。

◇对传统的思维方式进行一番创新，就能获得成功。

◇独辟蹊径，就能成功。

专注工作，忙在重点

【聊天实录】

我：晏老先生，您对专注工作有何高见？

晏子：我曾在《晏子春秋》提到：夫盛之有衰，生之有死，天之分也。物有必至，事有常然，古之道也，曷为可悲？至老尚哀死者，怯也；左右助哀者，谀也。

我：您这句话该如何解释呢？

晏子：这句话的意思就是：有盛就有衰，有生就有死，这是自然规律。什么事物都朝着它必然的方向发展，什么事物都有它自己的常规，这是亘古不变的道理，有什么可悲哀的呢？一个人已经活到了老年还为会死去而悲哀，这是怯懦；左右的人陪着悲哀，这是阿谀。

我：您的意思是说：过去只是现在的残存，无法也没有必要再挽留；未来是现在的预演，一个人没办法提前左右未来。唯有现在，才是真正能把握住的。专注于目前在做的事，全神贯注地投入每一瞬间，这时候，感官高度地灵敏，意识也会无比细腻清晰，就能充分捕捉和感知周围的一切，让自己受影响，并深深地品味此刻的种种美妙。

晏子：是的，你说得很对。专注，可以帮助你精力充沛地完成工作，让你享受生活，享受成功。

【解读】　　　　　　**忙，就要忙到点子上**

这是一场异常激烈的比赛，双方在场上火药味很浓，马刺队的邓肯和基诺比利被网队恶意犯规了好几次，差点动起手来。马刺是一支伟大的球队，不过这场比赛他们发挥的并不理想。比赛从第二节开始，他们就好像失去了开场时的耐心，每次进攻都仓促地在十几秒内完成（一次进攻的时限是24秒），仓促出手之后球总是和篮筐差得很远。

即使基诺比利拼命地抢下篮板球，有效的进攻依然组织不起来。而网队则打得有条不紊，运球，妙传，过人，投篮，球又进了！到第四节结束时，网队98比87取得了全场胜利。

赛后的技术统计显示：马刺队比网队多组织了25次进攻，而命中率则是对方的64%，有近一半的进攻是毫无成效的，这是他们失利的最主要原因。

忙忙碌碌就一定好吗？不停地撒网，但却捞不到鱼；只出手一次，但收获颇丰。两者相比，老板更喜欢哪个？结果会说明一切。忙，就忙到点子上，这样才会是皆大欢喜的结局。

有一个很自信的健壮青年来到一处伐木林场找工作，看见门口高悬着一块告示，上面记载了某个人一日劈柴的最高纪录。这位青年很有把握地向林场主表示：虽然他没有算过自己的纪录，但只要给他三天的时间，他自信能够打破最高纪录。林场主听了很高兴，便给他一把利斧，并表示愿意提供高额的破纪录奖金，大家也对他寄予厚望。

第一天，年轻人很努力地劈柴，果然不负众望，只差最高纪录一点点。他心想：只要我明天早点起床，再努力点，打破纪录一定没有问题。

第二天，他起得很早，并且更卖力，但没想到成果却比昨天落后了。他心想：一定是睡眠不足，体力减退的关系，所以他当晚很早就睡了。

第三天天未亮，他便精神抖擞的开始劈柴，比前两天更认真，但一天下来，他劈的柴却比昨天更少了。

那位年轻人觉得很奇怪：他那么努力，为什么劈的柴却越来越少？林场主也很纳闷地和大家一起思考。最后大家发现，虽然给了年轻人上好的斧头，但这把斧头一连三天都没有再磨过，所以越用越钝。

一味蛮干是笨人才会做的事情，不肯动脑筋思考事情的重点在哪里，从何处着手才能收益最大，而仅仅是苦干，那么往往是出力不讨好。

台湾地区的大富豪王永庆，早年因家贫读不起书，只好去做买卖。1932年，当16岁的王永庆在台湾嘉义开一家米店时，小小的嘉义已有米店近三十家，竞争非常激烈。当时仅有200元资金的王永庆，只能在一条偏僻的巷子里承租一个小的铺面。他的米店开办最晚，规模最小，更谈不上知名度了，没有任何优势。

在新开张的那段日子里，生意冷冷清清，门可罗雀。当时，一些老字号的米店分别占据了周围大的市场，而王永庆的米店因规模小、资金少，没法做大宗买卖；而只能零售，那些地点好的老字号米店在批发的同时，也兼做零售，没有人愿意到他这地角偏僻的米店买货。王永庆曾背着米挨家挨户去推销，但效果不好。

怎样才能打开销路呢？王永庆感觉到要想米店在市场上立足，自己就必须有一些别人没有做到或做不到的优势才行。经过一番考察和思索，他决定在提高米的质量和服务上下功夫，形成自己的优势。

20世界30年代的台湾，农村还处在手工作业状态，稻谷收割与加工的技术很落后，稻谷收割后都是铺在马路上晒干，然后脱粒，砂粒、小石子之类的杂物很容易掺杂在里面。所以，当时用于出售的稻米普遍夹杂着秕糠、砂粒、小石子等杂物，买卖双方也都习以为常，见怪不怪。

王永庆却从这一司空见惯的现象中找到了突破口，他带领两个弟弟一齐动手，不辞辛苦，不怕麻烦，一点一点地将夹杂在米里的秕糠、砂石之类的杂物拣出来。这样，王永庆的米店卖的米，质量就要高一个档次，因而深受顾客好评，米店的生意很快红火起来。

在提高稻米质量见到效果的同时，王永庆还超出常规，推行主动送货上门的办法，这一方便顾客的服务措施，大受顾客欢迎。就这样，王永庆在米的质量和服务上找到了突破口，使嘉义人都知道在米市马路尽头的巷子里，有一个卖好米并且还送到顾客家的王永庆。自然，他很快就打开了一片属于自己的天空。

"射人先射马，擒贼先擒王"，"牵牛要牵牛鼻子"，说的都是这个道理。

做事情做到点子上，就会带动整体事件的推进，使我们离目标的实现越发靠近。学会如何从千思万缕的工作中抓重点，学会统筹，学会科学的安排和盘算，是成功的关键。磨刀不误砍柴工，眉毛胡子一把抓只会把人累死也完不成任务。

任何工作都讲究方法技巧，发现问题，并针对问题给出相应措施，才能迅速高效地完成任务。在这个追求效率的时代，做事抓重点，方能事半功倍。

❧ 用专注的力量 ❧

专心致志是很多人取得事业成功的一个重要原因。牛顿有一些非常著名的故事，已经传为佳话了，大家一定听过。小猫钓鱼的故事大家也一定听过。做事情，就一心一意地去做。

只有10平方米的纽约中央车站问询处，每一天那里都是人潮汹涌，匆匆的旅客都争着询问自己的问题，都希望能够立即得到答案，对于问询处的服务人员来说，工作的紧张与压力可想而知。可柜台后面的那位服务人员看起来一点也不紧张，他身材瘦小，戴着眼镜，一副文弱的样子，显得那么轻松自如、镇定自若。

在他面前的旅客，是一个矮胖的妇人，头上扎着一条丝巾，已被汗水湿透，充满了焦虑与不安。问询处的先生倾斜着上半身，以便能倾听她的声音，"是的，你要问什么？"他把头抬高，集中精神，透过他的厚镜片看着这位妇人，"你要去哪里？"这时，有位穿着入时，一手提着皮箱，头上戴着昂贵的帽子的男子，试图插话进来。但是，这位服务人员却旁若无人，只是继续和这位妇人说话："你要去哪里？"

"春田。"

"是俄亥俄州的春田吗？"

"不，是马萨诸塞州的春田。"

他根本不需要行车时刻表，就说："那班车是在10分钟之后，在第16号月台出车，你不用跑，时间还多得很。"

"你是说16号月台吗？"

"是的，太太。"

女人转身离开，这位先生立即将注意力转移到下一位客人——戴着帽子的那位身上。但是，没多久，那位太太又回头来问一次月台号码，"你刚才说是15号月台？"这一次，这位服务人员集中精神在下一位旅客身上，不再管这位头上扎丝巾的太太了。

有人请教那位服务人员："能否告诉我，你是如何做到并保持冷静的呢？"

那个人这样回答："我并没有和公众打交道，我只是专心处理一位旅客。"

不管别人的存在，不管身边多么喧闹，静下神来，心无旁骛，一心一意地处理自己正在做的事情，就一定会把那件事做好。

不管我们在做什么，好好地把焦点放在我们想或做的事情上。当我们和人们谈话的时候，就一心一意地谈话；当我们工作的时候，就把心思放在手边的工作上。全神贯注，会帮助我们做好工作，也会让我们离成功更近。

乔治到福特公司的前几年，抱着许多不切实际的幻想，当然，这些幻想全部破灭了。乔治把钱全投在股票上，到最后这些钱变成了一堆废纸，生活凄惨，乔治住进了一家便宜的汽车旅馆。乔治从朋友处借了1000美元，买了一张沙发和一张床。冬天很冷，汽车的车厢里并不比外面好多少，乔治只好一件又一件地加上毛衣。

终于，乔治得到了一个机会，福特公司要研制和设计一种新概念车，为此将建立一个崭新的实验工厂，乔治将加入这个团队。

这个团队由约翰·卡梅隆博士主持，他是一位经验丰富的长者。乔治主要是设计汽车底盘上的一个小零件，并在本地的一家机器加工车间制作。乔治把自己的全部精力放在了这个小零件上，从它的尺寸到性能，都近乎苛刻地要求完美，他对这个小零件不断进行完善。他希望自己可以从这个小小的零件上开始自己的新的人生，是的，乔治的努力没有白费，在加入这个团队的过程中，博士看出了乔治的专注与执着，也看出了这个年轻人无可限量的前途。几年之后，你再也找不到那个在汽车旅馆生活窘迫的乔治了，他成功地迎来了人生的辉煌。回首往事，他不无感慨地说："我的成功是从那个小零件开始的，我从那时起学会了心无旁骛，专心致志"。

人生智慧

◇射人先射马，擒贼先擒王。

◇牵牛要牵牛鼻子。

◇学会心无旁骛，专心致志。

准备充分，要事第一

【聊天实录】

我：晏老先生，您对经验要事第一有何高见？

晏子：我曾在《晏子春秋》提到：诗曰："哲夫成城，哲妇倾城。"今君不免成城之求，而惟倾城之务，国之亡日至矣。君其图之！

公曰："善。"

我：您这句话该如何解释呢？

晏子：《诗经》上说："聪明的男子可以使国家稳固，聪明的女子却能使国家颠覆。现在您不考虑如何让国家稳固，却只干些使国家颠覆的事。国家灭亡的日子就要到了，希望您好好考虑考虑。"景公说："您说得好。"

我：您的意思是说：工作中，缺乏准备常常会导致差错不断，很难把工作做到位，更谈不上高效了。事先的准备工作可能没人看到，但它却是帮助自己成功的必要因素。搞不清状况就急于上阵的人不是勇敢，而是鲁莽。

晏子：是的，你说得很对。充分的准备工作，可以帮你赢得一切。

【解读】　　　✎　坚持要事第一的原则　✎

有一则故事叫"冠军与苍蝇"也许能帮助我们更形象地认识这个原则：

1965年9月17日，世界台球冠军争夺赛在美国纽约举行。

路易斯·福克斯的得分一直遥遥领先，只要再得几分便可稳拿冠军了，可就在此时，他发现一只苍蝇落在主球上，他挥手将苍蝇赶走了。可是，当他俯身击球时，那只苍蝇又飞了回来，他起身驱赶苍蝇。但苍蝇好像有意跟他作对，他一回到球台，它就又飞到主球上来，引得周围的观众哈哈大笑。

福克斯的情绪坏到了极点，终于失去了理智，愤怒地用球竿去击打苍蝇，球杆碰到了主球，他因此失去了一轮机会。福克斯方寸大乱，连连失利，而对手约翰·迪瑞越战越勇，最后夺走了冠军的头衔。

第二天早上，人们在河里发现了路易斯·福克斯的尸体，他投河自杀了。

每天都会有一堆纷繁的事情要做，怎么办呢，总要给它们排排顺序吧？成功人士明白，永远先做最重要的。

当美国伯利恒钢铁公司还是一个默默无闻的小公司时，他的老板查理斯·舒瓦普，曾向效率专家艾维·利请教，怎样才能更高效地执行计划。

艾维·利于是递了一张纸给他，并向他说："写下你明天必须做的最重要的各项工作，并按重要性的次序加以编排。明早当你走进办公室后，先从最重要的那一项工作坐起，并持续地做下去，直到完成该项工作为止。重新检查你的办事次序，然后着手进行第二项重要的工作。倘若任何一项着手进行的工作花掉你整天的时间，也不用担心。只要手中的工作是最重要的，则坚持做下去。假如按这种方法你无法完成全部的重要工作，那么即使运用任何其他方法，你也同样无法完成它们，而且若不借助于某一件事的优先次序，你可能甚至连哪一种工作最为重要都不清楚。将上述的一切变成你每一个工作日里的习惯，当这个建议对你生效时，把它提供给你的部属采用。这个试验你想做多久就做多久，然后给我寄支票吧，你认为值多少钱就给我多少钱。"

一个月后，查理斯·舒瓦普给艾维·利寄去了一张2.5万美元的支票，并附上一封信，信上说，艾维·利给他上了一生中最有价值的一课。5年之后，这个当年不为人知的小钢铁厂一跃成为世界上最大的独立钢铁厂之一。

也许你确实很有能力，老板指派的每件事都能出色完成，但是，你不可能一辈子都是听命于人的角色。如果让你独立地、实质性地操作一项多角度、全方位的大事，在纷繁复杂的事务中，你能在千千万万的事物中理出头绪来吗？这就是考验你的时刻。其实，商界大亨亨利·杜哈蒂早就说过："我只做一件事，思考和安排工作的轻重缓急，其余的完全可以雇人来做。"

善于从诸多的小事中抓住大事、从大事中把握、做好最重要的事情，是我们每个人都应该学习的必修课。人生也是这样，我们总是有太多的事情要做，总会有完不成的任务，我们要选择对自己最重要的事情，然后去努力完成它，实现它。

有一种定律叫二八定律，它主张：一个小的诱因、投入和努力，通常可以产生大的结果、产出或酬劳。就字面意义看，是指我们完成的工作中，80%的成果来自于自己20%的付出。因此，对所有实际的目标，我们80%的努力——也就是付出的大部分努力，只与成果有一点点的关系。而那重要的20%却是决定成败的关键。我们需要做的就是区分这"二"和"八"。

只是，我们知道什么事情对自己来说是最重要的吗？事情可以分为很多类别，我们一定要学会区分重要的事情和紧急的事情。

有一些事情很重要，但是并不紧急。比如说那些关于"坚持学习、提升能力、锻炼身体"等的计划，它们看起来可能并不急迫，但这些事情应该是我们人生中的主要事件，因为这类事情可以让我们的人生更成功，所以，要量化我们每天的工作。对于这类事情，更要如此，规定每天需要完成的部分，然后坚持不懈去做。不要因为这些事情并非迫在眉睫，就避重就轻。真正有效率的人，总是急所当急并且防患于未然的。

另外有一些事情，看起来很急迫但是并不重要，比如说接电话、回复邮件、查找那些不知被我们放在何处的文件等。在这些事情上花的时间是可以避免的，如果朋友跟我们煲电话粥，我们可以委婉地提醒他自己还要工作，接电话不要花太久；把文件资料之类的放置得井井有条，至少自己要知道在哪里，不要满世界去找一会儿要用的文件，学会恰当处理不重要但紧迫的事情，会给我们留出更多时间去处理真正重要的事情。

还有一些事情是根本不需要做的，不要以为它们真的重要。一个几乎每天都参加饭局和宴会的经理人说，在分析之后，他发觉至少有三分之一的宴请根本不需要他亲自出席。有时他甚至觉得有点哭笑不得，因为主人并不真心希望他出席，他们发来邀请纯粹是出于礼貌，如果他真的接受了邀请，反而会使人家感到手足无措。分析一件事情对我们来说，对我们所在的企业来说是不是真的重要，本身就是一件很重要的事情，不可忽视。

记得，不要被别人重要的事情牵着走，而我们自己重要的事情却没有做，这会造成我们很长时间都比较被动。

时间在飞翔，但我们就是驾驶员，可以驾驭它，把我们每一分每一秒的时间都用在做最重要的事情上面吧。

准备充分，赢得一切

事实证明，拿出足够的时间来做准备，效果惊人。

有个心理学家曾做过这样一个实验：他找来一些学生，并把他们分成三组进行足球射门技巧训练：

记录下第一组学生第一天的射门成绩，然后在20天内让他们每天都练习射门，再把最后一天的成绩记录下来；

第二组学生也记录下第一天和最后一天的成绩，但在此期间不做任何练习。

记录下第三组学生第一天的成绩，然后让他们每天花20分钟在想象中进行射门；如果射门不中时，他们便在想象中做出相应的纠正。

实验结果表明：第二组的成绩没有丝毫长进，第一组进球率增加了20%，第三组进球率增加了22%。

由此，他们得出结论：行动前进行头脑热身，想清楚要做的事的每个细节，将思路梳理清楚，然后把它深深铭刻在脑海中，在之后的行动中就会得心应手。

美国行为科学家艾得·布利斯由此总结出了著名的"布利斯定律"，即：用较多的时间为一次工作进行事前准备，做这项工作所用的总时间就会减少。

每一个拜访过西奥多·罗斯福的人，都对他知识渊博感到惊讶。哥马利尔·布雷佛写道："无论是一名牛仔或骑兵，纽约政客或外交官，罗斯福都知道该对他说什么话。"

他是怎么办到的呢？

很简单，每当要有人来访的前一天晚上，罗斯福就开夜车，翻读这位客人特别感兴趣的资料。因为罗斯福知道，正如所有的领导者都知道，打动人心的最佳方式是跟他谈论他最感兴趣的事物，而这，当然需要提前做好准备。

这是可以应用在事业上的一种宝贵技巧吗？当然可以。

伦敦一家蛋糕公司的老板一直试着要把蛋糕卖给某家饭店，一连4年，他每天都要打电话给该饭店的经理。他也去参加该经理的社交聚会，他甚至还在该饭店订了个房间，住在那儿，以便成交这笔生意，但是他都失败了。

这位老板在研究过为人处世技巧之后，决心改变策略。他决定要找出经理最感兴趣的是什么，投其所好，可能会成功。他发现那位经理是某个组织的一员，而且不仅仅只是该组织的一员，由于他的热忱，还被选为主席。不论会议在什么地方举行，他一定会出席，即使他必须跋涉千山万水。

因此，下一次，蛋糕店老板见到他的时候，开始谈论他的那个组织。他得到的反应真令人吃惊！经理跟他谈了半个小时，都是有关他的组织的，语调充满热忱。可以轻易地看出来，那个组织显然是他的兴趣所在。在老板离开他的办公室之前，他卖了他组织的一张会员证给他。

虽然老板一点也没提到蛋糕的事，但是几天之后．饭店的大厨师打电话给他，要他把蛋糕样品和价目表送过去，他终于成功了。

知己知彼方能百战不殆，充分的准备可以让你投其所好，事半功倍。

世界三级跳远冠军米兰·提夫（Milan.Tiff），在8岁之前患了小儿麻痹症，但经过自己学走、学跑，终于研究出怎样的姿势合乎自然法则，结果，他跳出了世界上最远的纪录。

当记者问他到底是什么原因，使他成为奥运金牌得主和世界纪录保持者时，他回答道："当我参加比赛时，一般人都在看我跳远当时的表现，其实，任何事业的成功，不单决定于他表现的那个时刻，重要的是，决定于他表现之前所做的准备。"

因为他已经做了足够充分的赛前准备，因此他只要看运动选手所做的热身体操，就可以知道那位选手肌肉的松弛程度和得胜的几率。

因为足够充分的准备，米兰·提夫可以清楚地查知对方的实力，这样他就可以"不打无准备之仗"，也就更容易成功。

好的办法有时候是需要时间才能想出来的，谁都不能保证在任何情况下都能灵活应变，恰如其分地处理好所有问题。所以事先准备是绝对必要的，知己知彼，胸有成竹地面对问题，会更加自信，更加成功。

人 生 智 慧

◇充分的准备工作，可以帮你赢得一切。

◇永远先做最重要的。

◇好的办法有时候是需要时间才能想出来的。

不要生气，学会争气

【聊天实录】

我：晏老先生，您对学会争气有何高见？

晏子：我曾在《晏子春秋》提到：上帝神，则不可欺；上帝不神，祝亦无益。愿君察之也。

我：您这句话该如何解释呢？

晏子：这句话的意思就是：如果上帝真的灵验，那就一定不可以欺骗他；如果上帝并不灵验，那么再祈祷也没有用处。希望您能明察这些道理。

我：您的意思是说：在企业中，一个员工想要获得成功，就一定不要在面对一些莫名其妙的事情的时候，急着去生气，去发泄怒气，在这样的时候，应该学会去争气，只有这样才能成功。

晏子：是的，你说得很对。生气不如争气。

某公司的一位领导因为自己的情绪不好，又恰巧碰上下属的工作出现了一点小疏忽，就对其大发雷霆，严重影响了下属的心情。这个下属感觉领导莫名其妙，一点小事根本不应该对自己发那么大的脾气，因此觉得十分委屈，也很不服气，根本没有心情认真工作，还一直跟领导堵着气，结果大家僵持不下，工作的进展就这样被延误，最后没能在规定的时间里完成预期的任务，对公司造成了很不好的影响，使公司的收益大大减少。

是谁的错误呢？两个人都有错。领导将自己的怨气随便发泄在别人身上，是不对的。但是作为员工，你也不能够推脱责任。你选择了一种消极的方法来对待你所遇到的不公平，这种人生态度本来就是不对的。面对人生的烦恼与挫折，最重要的是摆正自己的心态，积极地面对一切。一味地抱怨与生气，最终受伤害的往往是自己。

小猎人在山上发现了一只老虎，进城后他说山上有老虎，城里人不相信，因为山里从来没有人见过老虎。他坚持说见到了老虎，可是无论他怎么说，就是没人信他。为了证明山上有虎，有几个人跟他一起上了山，但转遍山上每个角落，连老虎的毫毛都没见着，大家都说小猎人是一个会撒谎的人。

他非常生气，在接下来的日子里，为了证明自己的诚实，逢人便说自己没有说谎，他越说，人们越不信，认为他是一个疯子，这实在让他不能忍受。

于是他天天在山上转悠，并买来一支猎枪，希望发现老虎，打死后扛回去让人们看看证明自己没有撒谎。三天后，人们在山中发现一堆破碎的衣服和一只脚，经论证，人们才相信山上确实有老虎，小猎人真的没有撒谎。

这个可怜的小猎人，因为气愤于是冲动，最终丢了性命。面对问题的时候，坏情绪永远帮不上忙。人生短暂，不要让不良的心情占据自己宝贵的时间。让那些不顺利的事情都变成你行动的巨大动力，带着一个巨大的动力去做事，提高做事的积极性，调动自己的一切主观能动性，使自己的思维更加活跃，思路更加广泛，甚至以超出正常的水平完成一件事。

生气不如争气

在一次讨论会上，著名的演说家没讲一句开场白，手里却高举着一张20美元的钞票。

面对会议室里的200个人，他问："谁要这20美元？"一只只手举了起来。他接着说："我打算把这20美元送给你们中的一位，但在这之前，请准许我做一件事。"他说着将钞票揉成一团，然后问："谁还要？"仍有人举起手来。

他又说："那么，假如我这样做又会怎么样呢？"他把钞票扔到地上，又踏上一只脚，并且用脚碾它，而后他拾起钞票，钞票已变得又脏又皱。

"现在谁还要？"还是有人举起手来。

"朋友们，你们已经上了一堂很有意义的课。无论我如何对待那张钞票，你们还是想要它，因为它并没贬值，它依旧值20美元。人生路上，我们会无数次被自己的决定或碰到的逆境击倒、欺凌甚至碾得粉身碎骨，我们觉得自己似乎一文不值。但无论发生什么，或将要发生什么，在上帝的眼中，你们永远不会丧失价值。在他看来，肮脏或洁净，衣着齐整或不齐整，你们依然是无价之宝。"

如果自己是那张钞票，受到这种待遇的时候，我们会怎么感觉？因为自己无端受辱而感到委屈吗？我们知不知道自己的价值并不曾因为这些遭遇而贬值？生命的价值不依赖于我们的境遇，而是取决于我们本身！我们的价值无人可以夺取，除了我们自己。

苏珊因对原工作单位的氛围感到不满意，辞职来到一家著名的跨国公司应聘。考官首先询问她的问题便是："你为何离开原来的单位？"苏珊直率应答："原公司的工作氛围不理想，影响了我的工作热情和动力，使我没有办法发挥自己的全部才干。因此我希望换个工作环境，希望通过环境的改变来发挥自己的实力。"但是最终，这家跨国公司没有录用她。

后来，她又相继应聘了不仅包括跨国公司也包括小型企业在内的几家公司，结果都是无功而返。出现这样的情况，她百思不得其解，自认为能力优秀的她，不能理解自己为何被各公司屡屡拒绝。

她不明白，即使她所说的全部都是事实，她却漏掉了最重要的一点：个人努力的因素。

生气不如争气。事实才是最有说服力的。当我们的价值不被别人承认的时候，最好的做法当然是用实力来证明我们能行！生气从某一方面证明了我们自己都不太相信自己。告诉自己一定能行，用积极的心态面对困难，做出成绩给别人看，才是我们该做的。

人生智慧

◇人生短暂，不要让不良的心情占据自己宝贵的时间。

◇生气不如争气。

◇事实才是最有说服力的。

切勿鲁莽，不要抱怨

【聊天实录】

我：晏老先生，您对经验重要有何高见？

晏子：我曾在《晏子春秋》提到：夫愚者多悔，不肖者自贤，溺者不问坠，迷者不问路。溺而后问坠，迷而后问路，譬之犹临难而遽铸兵，噎而遽掘井，虽速，亦无及已。

我：您这句话该如何解释呢？

晏子：这句话的意思就是：愚蠢的人多后悔，没才能的人总是自以为贤能，被水淹了的人是因为不问水深浅，迷路的人是因为不问路。掉水里淹着了才问水深浅，迷路很远才问路，这就好比战争开始了才慌忙打造兵器，吃饭噎着了才慌忙挖井找水喝，即使速度再快，也已经来不及了。

我：您的意思是说：在企业中工作的时候，不要认为自己没有到自己心仪的公司工作，在一个小公司工作，或者是在做一个自己认为比较简单的工作的时候，就认为是把自己大材小用了，要知道，领导这样安排，自是有自己的用意。

晏子：是的，你说得很对。千万不要让目前暂时的时运不济变成一生的命运多舛。

【解读】 不要认为自己"大材小用"

李晶从一所名牌大学研究生毕业后进了一家公司，与她同时进来的同事要么学历没她高，要么学校没她好，为此她很有优越感。

当领导分配她做最基础的工作时，她立即觉得自己被大材小用了。一次，在结算时，她把一笔投资存款的利息重复计算了两次，虽然最终没有给公司造成实际损失，但整个公司的财务计划却被打乱了。

事后，她却觉得就像做错了一道数学题，改正过来，下次注意就是了。

她的这种态度让主管很不放心，以后再有什么重要的活，总找借口把她"晾"在一边，不再让她参与了。没过多久，这位名牌大学毕业的高材生就与自己的第一份工作拜拜了。可以说，她不是败给了别人，而是败给了自己。

究竟是因为我们牢骚满腹而不得升迁，还是因不得升迁而牢骚满腹，就像是鸡生蛋还是蛋生鸡这个问题一样，谁也说不清。但有一点是肯定的，那就是二者绝对是相互影响的，只会形成恶性循环。不要总是认为自己怀才不遇或者是大才小用，首先我们要认清自己的才能到底怎样，然后再给自己合适的定位。

大家一定听过井底之蛙的故事，但听过下面的故事吗？

井里的青蛙向往大海，请大鳖带它去看海，大鳖欣然同意。青蛙见到一望无际的大海，惊叹不已，急不可待地扑进大海之中，却被一个巨浪打回海滩，摔得晕头转向。大鳖见状，就让青蛙趴在自己的背上，背着它游。青蛙逐渐适应了海水，能自己游一会儿了。

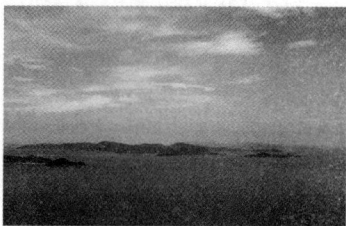

大海

过了一阵子，青蛙有些渴了，但它喝不了又苦又咸的海水，它又有些饿了，却怎么也找不到一只可以吃的虫子。青蛙对大鳖说："大海的确很好，但以我的身体条件，不能适应海里的生活。看来，我还是要回到我的井里，那儿才是我的乐土。"

这则寓言告诉你，不要做超越自己能力的事情，某些工作你未必能够胜任。

有一棵草气急败坏地质问锄地的农夫："瞧瞧你都干了些什么！你了解我的价值吗？我给人类带来了清新的空气，给大地带来了生命的绿意，我保护着堤坝不被雨水冲刷，我让世界充满了生机……在千里沙漠，在茫茫戈壁，人们会因为有我的踪迹而欢呼雀跃，而现在，你竟然愚蠢地要除去我！"

但农夫听不懂草的语言，他挥汗如雨，一边疲惫地挥舞着锄头，一边嘟嘟囔囔地抱怨着："这些草，什么地方不好长，偏偏长在我的麦田里！"

是金子总会发光的草，如果长在高山、堤坝上保护水土，或许被人称赞；如果它长在城市花园里美化环境，自然得到人们的关照。然而，长在农夫的麦田里，其命运肯定是被除掉。草之所以抱不平，只不过是自己与自己过不去罢了，没有谁会把它看得那么重要。

如果是草，就不要长在别人的麦田里；如果是井底之蛙，就只能回到井底。

如果自己的才能本来就有限，就不要抱怨自己现在的位置太低，给你一个太高的位置只会让你摔得更惨。这时候需要做的不是抱怨自己大材小用，而是应该让自己成为"大材"。

如果我们的能力确实出众，那么放心，金子在哪里都会发光的。过不了多久，定会得到别人赏识。聪明人，可以超然面对一切公平不公平。生活需要的信心、勇气和信仰，他们都具备。他们在自己获益的同时，又感染着别人。豁达、坚韧，让他们觉得困难从来不是生活的障碍，而是勇气的陪衬，他们迟早会成功。

有一位留学美国的计算机博士，毕业后在美国找工作，结果接连碰壁，许多家公司都将这位博士拒之门外。这样高的学历、这样吃香的专业，为什么找不到一份工作呢？

万般无奈之下，这位博士决定换一种方法试试。他收起了所有的学位证明，以一种最低身份再去求职。不久他就被一家电脑公司录用，做了一名基层的程序录入员。这是一份稍有学历的人就都不愿去干的工作，而这位博士却干得兢兢业业，一丝不苟。

没过多久，上司就发现了他的出众才华：他居然能看出程序中的错误，这绝非一般录入人员所能比的。这时他亮出了自己的学士证书，老板于是给他调换了一个与本科毕业生对口的工作。过了一段时间，老板发现他在新的岗位上游刃有余，还能提出不少有价值的建议，这比一般大学生高明，这时他才亮出自己的硕士身份，老板又提升了他。

有了前两次的经验，老板也比较注意观察他，发现他还是比硕士有水平，其专业知识的广度与深度都非常人可比，就再次找他谈话，这时他才拿出博士学位证明，并叙述了自己这样做的原因。此时老板才恍然大悟，于是就毫不犹豫地重用了他，因为对他的学识、能力及敬业精神早已全面了解了。

这个博士是聪明的，碰了几次钉子后，他放下身份与架子，甚至让别人看低自己，然后在实际工作中一次次地展现自己的才华，让别人一次一次地对自己刮目相看，他的形象就逐渐高大起来。

如果这位博士有"大材小用"的想法，那么他的才华很可能就真的没有地方可以施展。

在不顺心的境地里，如果总是感叹自己"怀才不遇"、"大才小用"、"明珠暗投"，那么抱怨会让我们的生活更加糟糕，我们会看不到生活中美好的东西，这样只会消磨我们的志气，是我们成功进取的致命伤。

即使我们真的遭遇了不公平的事情，自怨自艾也绝对不是解决问题的办法。靠自己的实力证明自己吧，没有人可以阻止我们努力。当我们的成就有目共睹的时候，就没有什么能够阻挡你前脚的脚步了。

人 生 智 慧

◇千万不要让目前暂时的时运不济变成一生的命运多舛。

◇抱怨会让生活更加的糟糕。

◇靠你的实力证明自己吧，没有人可以阻止你努力。

一点疏忽，铸成大错

【聊天实录】

我：晏老先生，您对一点小失误就会铸成大错有何高见？

晏子：我曾在《晏子春秋》提到：财屈力竭，下无以亲上；骄泰奢侈，上无以亲下。上下交离，君臣无亲，此三代之所以衰也。

我：您这句话该如何解释呢？

晏子：这句话的意思就是：财力枯竭、生活困难，百姓们就不可能热爱上级官员；奢侈腐败、骄横放纵，这样的官员也不可能与百姓相亲。上下之间离心离德，君臣之间无亲无爱，这就是夏、商、周三代之所以衰败灭亡的原因。

我：您的意思是说：许多时候，我们会不经意地处理、打发掉一些自认为不重要的事情或人物，但这种随意、不负责、不敬业或者是不道德的行为，会造成一些很不好的影响或后果，在我们以后的人生道路上，它将在某个时候突然显现出来，令我们对当年的行为追悔不已。

晏子：是的，你说得很对。一点疏忽就能铸成大错。

【解读】　　　　一点小失误就能毁了所有

一点小小的失误，便可以使从前所做的种种努力都付之东流，这样的故事太多了：

一位勇者发誓要排除万难，攀登一座高峰。在众人期待的目光中，他出发了。然而，他最终却以失败告终。出人意料的是，迫他放弃的原因，只是鞋中的一粒沙子。

在长途跋涉中，恶劣的气候没有使他退缩，陡峭的山势没能阻碍他前行，难耐的孤寂没有动摇他坚定的信念，疲惫与饥寒没有使他畏惧。但是不知何时，他的鞋里落入一粒沙。起初他并没在意，他完全有时间和机会把那粒沙子从鞋里倒出来的。可是，在我们的勇士眼中，它实在是太微不足道了。的确，比起勇士所遇到的其他的困难来讲，那粒沙子的存在，简直可以忽略不计。然而越走下去，那粒沙子越是磨脚。最后，每走一步都伴随着刺骨的疼痛，此时，他终于意识到这粒沙的危害。

他停下脚步，准备清除沙粒，但是却惊异地发现，脚已经被磨出了血泡。沙被清除出去了，可是伤口却因感染而化脓，最后，除了放弃，他别无选择。

疏忽往往成大错，不要以为小事就不是事，细微的破绽可能导致重大的失败。所以做事情的时候，一定要考虑周全，不可忽略一切细节。

巴西海顺远洋运输公司"环大西洋"号海轮是条性能先进的船，但在一次海难中沉没了，21名船员全部遇难。当救援船到达出事地点时，望着平静的大海，救援人员谁也想不明白，在这个海况极好的地方到底发生了什么。这时有人发现救生台下面绑着一个密封的瓶子，里面有一张纸条，21种笔迹，上面记载着从水手、大副、二副、管轮、电工、厨师、医生、船长的留言：有的是私自买了一个台灯用来照明，有的是发现消防探头误报警拆掉没有及时更换，有的是发现救生阀施放器有问题把救生阀绑了起来，有的是例行检查不到位，有的是值班时跑进了餐厅……

最后是船长麦凯姆写的话："发现火灾时，一切糟糕透了，我们没有办法控制火情，而且火越来越大，直到整条船上都是火。我们每个人都犯了一点点错误，但最后酿成了船毁人亡的大错。"

❦ 不要小看小事 ❦

据说，令千里马失足的往往不是崇山峻岭，而是柔软青草结成的环。在通往成功的路途中，真正的障碍，有时只是一点点疏忽与轻视。

一位病人要做心脏移植手术。那次手术出乎意料的顺利，病人的复原情况也极好，然而，忽然间一切都出现了不正常，病人死掉了。

验尸报告指出：病人腿部有一处微伤，伤口感染了肺，导致整个肺丧失机能。

永远要提防那些微不足道的小事，简单的事情，基本的道理，需要惨痛的代价才能了解。那个伤口对健康的人确实无关痛痒，但却夺走了心脏移植病人的命。

以十分的准备迎接三分的工作并非浪费，而以三分的精神态度面临十分的工作，却注定会带来不可逆转的恶果。不要忽视任何事情，你不知道自己的疏忽什么时候会产生恶果。

一位从事策划的小林道出了自己这样的一段经历：

5年前，小林还在一家营销策划公司工作。当时一位朋友找小林，说他们公司想做一个小规模的市场调查。朋友说，这个市场调查很简单，他自己再找两个人就完全能做，希望小林出面把业务接下来，他去运作，最后的市场调查告由小林把关，完成后会给小林一笔费用。

这的确是一笔很小的业务，没什么大的问题。报告出来后，小林很明显地看出了其中的水分，但小林只是做了些文字加工和改动，就把它交了上去。对小林而言，这事就这样过去了。

有一天，几位朋友找小林，希望大家组成一个项目小组，一块去完成北京新开业的一家大型商城的整体营销方案。不料，对方的业务主管明确提出对小林的印象不好，原来这位先生正是当初那项市场调查项目的委托人。世事莫测，因果循环，小林目瞪口呆，也无从解释些什么。

这件事给小林以极大的刺激，现在回头来看，当时小林得到的那点钱根本就不值一提，但为了这点钱，小林竟然给自己造成了如此之大的负面影响！所以千万不要糊弄打发任何事，即使是很不起眼的工作。

人生智慧

◇一点疏忽，铸成大错。

◇不要忽视任何事情，你不知道自己的疏忽什么时候会产生恶果。

◇千万不要打发糊弄任何事，即使是很不起眼的工作。

换位思考，建言献策

【聊天实录】

我：晏老先生，您对换位思考有何高见？

晏子：我曾在《晏子春秋》提到：德行教训加于诸侯，慈爱利泽加于百姓，故海内归之若流水。

我：您这句话该如何解释呢？

晏子：这句话的意思就是：他们用高尚的道德教导感化诸侯，用慈爱和利益惠及百姓，所以四海之内的人民像河水流向大海一样归附于他们。

我：您的意思是说：当站在老板的角度思考问题时，应该对自己的工作态度、工作方式以及工作成果提出更高的要求。只要认真负责，着眼全局，站在老板的高度思考问题，对整个团队负责，相信很快就会在工作中脱颖而出。

晏子：是的，你说得很对。站在老板的高度思考问题，成功就会更进一步。

【解读】 　　　　　　　　**多为公司建言献策**

有个公司领导人曾说："每次在给公司做内部培训时，我都会问员工一个相同的问题：'为了公司更好地发展，你有什么好的建议？'"

身为公司的一员，如果我们能够在问题还未解决之时就能够提出好的建议，这对于个人以及整个公司未来的发展都将具有十分积极的意义。

我们来看看一个工厂的小工是如何帮助自己的老板解决大难题的。

故事发生在美国鞋业大王——罗宾·维勒的工厂里，当时，罗宾的事业刚刚起步。为了在短时期内取得最好的业绩，他组织了一支研发队伍，制作了几种款式新颖的鞋子投放市场，结果订单纷至沓来，以至于工厂生产忙不过来。

为了解决这个问题，工厂想办法招聘了一批生产鞋子的技工，但还是远远不够。这可怎么办，如果鞋子不能按期生产出来，工厂就不得不给客户一大笔钱作为赔偿。

于是罗宾召集大家开会研究对策，主管们讲了很多办法，但都不行。这时候，一位年轻的小工举手要求发言。

"我认为，我们的根本问题不是要找更多的技工，其实不用这些技工也能解决问题。"

"为什么？"

"因为真正的问题是提高生产量，增加技工只是手段之一。"

大多数人觉得他的话不着边际，但罗宾却很重视，鼓励他讲下去。

他怯生生地提出："我们可以用机器来做鞋。

这在当时可是从来没有过的事．立即引起大家的哄堂大笑，"孩子，用什么机器做鞋呀，你能制作这样的机器吗？"

小工面红耳赤地坐下去了，但是他的话却深深触动了罗宾，罗宾说："这位小兄弟指出了我们的一个思想盲区，我们一直认为我们的问题是招更多的技工，但这位小兄弟却让我们看到了真正的问题是要提高效率。尽管他不会制造机器，但他的思路很重要，因此，我要奖励他500美元。"

于是，老板根据小工提出的新思路，立即组织专家研究生产鞋子的机器。4个月后，机器生产出来了，从此，世界进入了用机器生产鞋子的时代，罗宾·维勒也由此成为美国著名的鞋业大王。

针对公司存在的问题向公司提出相关的建议，这既是每一位员工的权利，也是每一位员工应尽的义务，更是公司健康发展的关键所在。

1880年，乔治·伊斯曼创建了柯达公司，可以说，没有员工的建言献策，柯达公司是无法成为这样一家优秀公司的。

　　1889年的一天，乔治·伊斯曼收到一名普通工人写给他的建议书。这份建议书内容不多，字迹看起来也不优美，但却让他眼前一亮。这个工人建议生产部门将玻璃窗擦干净。对于这样的问题，在乔治·伊斯曼以前看来，是小得不能再小的一件事了，但是，伊斯曼却看出了其中的意义。他笑了，这正是员工良好职业精神的表现。

　　这个建议好得很！乔治·伊斯曼立即召开表彰大会，发给这名工人奖金。同时，"柯达建议制度"也就由此应运而生了。

　　100多年过去了，柯达公司员工提出的建议接近200万个，其中被公司采纳的超过60万个。目前，柯达公司员工因提出建议而得到的奖金，每年在150万美元以上。1983—1984年，该公司因采纳合理建议而节约资金1850万美元，为此，公司拿出了370万美元以奖励提出建议者。

　　现在，柯达员工已逾万人，公司业务遍及世界各地，谁敢说这没有"柯达建议制度"的一份功劳呢？

　　一些公司员工认为：向公司提建议需要冒一定的风险，比如受到领导的猜疑、同事的排挤等，至于还需要付出必要的时间和精力就更不用提了。更有一些员工认为，公司发展得是好是坏与自己并没有太大的关系，一旦看到公司遭遇危机，这些公司员工不是躲在一边说风凉话，就是一副事不关己、高高挂起的样子，丝毫没有为公司分忧的"冲动"，更不可能提出解难的"妙招"。

　　然而，"覆巢之下，焉有完卵"。公司如果面临危机，那么其员工的事业发展前途也必将受到严重影响。虽然在公司林立的现代社会，当自己所属的公司出现重大危机时，其员工可以有很多重新就业的机会，但是，这种建立在公司遭受重大创伤基础之上的重新选择，对于每一个有着较强事业心的人来说都是一种无奈。而且，当我们积极地为公司眼前遭遇的难题或未来的发展贡献自己的心力之时，我们与公司的事业都将获得成长。

站在老板的角度思考工作

站在不同的角度看待这个世界，看到的景色肯定不同。

在自己的工作岗位中，也是一样，当你站在全局的高度看待工作时，你看待问题的思路和方法就大不一样。如果你能像老板一样思考，你的视野就会开阔很多。

在IBM公司，每一个员工都有一种意识——我就是公司的主人，我要为自己的公司做事，并且一定尽力做好。员工主动接触高级管理人员，与上司保持有效沟通，对所从事的工作更是认真负责，并能保持高度的工作热情。

"像老板一样思考"源于托马斯·沃森的一次销售会议。

那是一个寒风凛冽、阴雨连绵的下午，沃森在会上先介绍了当前的销售情况，分析了市场面临的种种困难。会议一直持续到黄昏，气氛很沉闷，一直都是托马斯·沃森自己在说，其他人则显得烦躁不安。

面对这种情况，沃森缄默了10秒钟，待大家突然发现这个十分安静的情形有点不对劲的时候，他在黑板上写了一个很大的"THINK"（思考），然后对大家说："我们共同缺少的是——思考，对每一个问题的思考，别忘了，我们都是靠工作赚得薪水的，我们必须把公司的问题当成自己的问题来思考。"之后，他要求在场的人开动脑筋，每人提出一个建议。实在没有什么建议的，可以对别人提出的问题加以归纳总结，阐述自己的看法和观点，否则不得离开会场。

结果，这次会议取得了很大的成功，许多问题被提了出来，并找到了相应的解决办法。从此，"思考"便成了IBM公司员工的座右铭，也成为公司取得胜利的法宝。

每一位老板都像上文中的沃森那样，希望自己的员工可以像自己一样，随时随地都站在公司发展的角度来思考问题，然而由于角色、地位和对公司所有权的不同，员工的心态很难与管理者完全一致。在许多员工的心中，"公司的发展是由员工决定的"之类的话只不过是一句空话，这是他们拒绝从老板的角度思考问题的主要理由。

当然，公司的管理者们希望员工"像老板一样思考"，树立一种主人翁意识，以更高的要求来督促自己。要知道，我们的工作并不是单纯地为了成为老板或是拥有自己的公司，我们既是在为自己的过去工作，也是在为自己的未来工作，特别是在一个团队里，我们一定要着眼全局，对整个团队负责，实现与团队一起成长。

从1995年沃尔玛中国公司开始筹备的时候，刚刚从某重点大学毕业的谭丁就加入了这家世界500强的公司，由于对采购工作没有任何经验，当时谭丁的工作开展得极其艰难，但是，她始终坚持一个原则：随时想着为公司争取最大的利益。

正是有了这种心态和职业精神，让她在工作中积累经验，逐渐掌握了谈判的技巧，同时注意把握双赢的原则，考虑到供货商的利益，终于打开了采购工作的局面。就这样，她从一个普通的采购员升任采购经理助理，再到采购经理，现在已经成为总经理。如今，她已经被列为沃尔玛的TMAP计划培训人员之一，这个培训计划的目标就是培养高层管理人员的接班人，同事们都认为她前途无量。

人 生 智 慧

◇覆巢之下，焉有完卵。

◇站在不同的角度看待这个世界，看到的景色肯定不同。

◇树立一种主人翁意识，以更高的要求来督促自己。

后 记

"国学今用"系列丛书是我们组织十多位国学知识功底深厚、文学造诣极深且对社会学、心理学等学科综合研究方面有较高水平的专家、学者，经过近两年通宵达旦的辛苦创作、数易其稿而苦心经营出来的历史传记作品，本套图书共十本，每本十五万字，语言通俗流畅，内容精彩有趣，知识性和可读性极强，在此，我们对在本书创作中付出辛勤劳动的作者们表示衷心的感谢！

在本书创作过程中，我们除了采用古代圣贤和近代之前国学名家的大量典籍资料以外，还参考了现当代相关的大量资料，有些作者我们已经进行了联系和沟通，但由于出版时间所限，以及有些作者的信息资料不太详细，截至出版之日，我们仍未能联系上这些作者，还请这些作者多多海涵，并在见到本书后及时与我们联系。

联系方式：457735190@qq.com

本书编委会